기독교문서선교회(Christian Literature Center: 약칭 CLC)는 1941년 영국 콜체스터에서 켄 아담스에 의해 시작되었으며 국제 본부는 미국 필라델피아에 있습니다. 국제 CLC는 59개 나라에서 180개의 본부를 두고, 약 650여 명의 선교사들이 이동도서차량 40대를 이용하여 문서 보급에 힘쓰고 있으며 이메일 주문을 통해 130여 국으로 책을 공급하고 있습니다. 한국 CLC는 청교도적 복음주의 신학과 신앙서적을 출판하는 문서선교기관으로서, 한 영혼이라도 구원되길 소망하면서 주님이 오시는 그날까지 최선을 다할 것입니다.

추천사 1

김 향 주 박사
전 미주 기독교 문인협회 이사, 현 청교도신학원 조직신학 교수

휘몰아치는 광야에 홀로 서서 개혁신학의 나팔을 불었던 교회사 교수가 있었다. 이제 그는 광화문 거리를 누비며 우남 이승만 대통령의 4대 건국이념인 자유민주주의와 자유시장 경제, 한미 동맹, 그리고 기독교 입국론에 입각한 대한민국을 건설하기 위하여 땀과 눈물을 쏟아내고 있다. 그는 바로 개혁신학의 요람 총신대학교 신학대학원에서 은퇴한 후 투사로 변신한 서요한 교수이다.

서 교수는 은퇴 후 몇몇 성도들과 교회를 개척하여 지금까지 한 주도 빼지 않고 매주일 성도들과 함께 성시를 낭송하였고, 특별히 그 과정에서 예수 한국과 복음 통일의 열망을 시에 담아 우리에게 신앙적 각성과 애국심을 일깨웠다.

천성(天城)의 님, 야웨 하나님을 향한 샘물처럼 솟구치는 영적 몸부림과 격동하는 이 시대의 혼란과 이념적 대립을 오직 신앙으로 극복하려는 간절한 열망이 이 시에 녹아있다. 따라서, 상재된 시를 읽으면 역사신학자 서요한 교수의 신앙적 체취와 반경, 영적 통찰력을 폭넓게 경험할 수 있을 것이다. 강력히 일독을 권하는 바이다.

2024년 6월 27일

추천사 2

류재복 대표
시인, 정경시사 「포커스」 발행인

"대한민국을 사랑하는 애국 시인 서요한 교수, 그의 시집에는 魂이 있어." 서요한 전 총신대학교 신학대학원 교수(역사신학)는 우남 이승만 건국 대통령을 좋아하는 애국주의자다. 그래서 그는 광화문에서 매주 주말과 국경일에 열리는 애국 집회에서 항상 이승만 대통령을 전파하는 사람이다. 그는 사실 광화문 애국 운동의 지도자이지만 동시에 기독교 신앙에 관련된 많은 책을 저술한 이 시대에 몇 안 되는 최고의 지식인이요 대표급 신학자이다. 이번에 출간된 서 교수의 2권의 시집, 『가을 꽃 당신』과 『가나안 가는 길』은 그런 그의 숙련된 신앙과 애국정신에서 형성된 것이다.

신학자 서요한 교수는 문학을 전공한 사람들도 쉽지 않은 시들을 꾸준히 작시하되, 특별히 그 시들 중의 일부는 서정 가곡과 조국 대한민국을 위한 애국 노래로 승화하였다. 그 과정에서 한국을 대표하는 원로 작곡가 雲山 최영섭 선생님(<그리운 금강산>, 약 100곡)과 創音 임긍수 선생님(<강 건너 봄이 오듯>, 약 50곡)과의 만남은 삶의 전환점이었다. 두 분 선생님은 서 교수의 작시에 대한민국을 사랑하는 국민들이 함께 부를 수 있는 노래를 성가곡과 찬송가, 서정 가곡과 애국 가곡 등 다양한 장르로 작곡하셨다. 그 노래들은 서 교수의 신앙과 애국정신이 깃든 곡들로, 한마디로 그는 못 말리는 열정의 시인이다.

서 교수는 지금까지 살아오면서 특별히 목회자를 양성하는 신학교육 현장에서 많은 것을 경험하며 실천해 온 신학자이다. 그 과정에서 운산 최영섭 선생님과의 만남은 운명처럼, 그의 인생에 실로 놀라운 변화를 제공하였다. 그의 표현대로 신학대학교의 역사신학자에서 문학도로 변신, 신앙 시인이 되었고, 무엇보다도 조국을 사랑하는 애국 시인으로 등극하였다. 서 교수의 시들은 대한민국의 강(江), 산(山), 바다(海), 인간의 정(情), 특별히 예수 한국과 자유통일을 읊조린 시가 대부분이다. 이번에 출간된 2권의 시집, 『가을꽃 당신』과 『가나안 가는 길』의 출간을 축하하며 독자들의 권독을 바란다.

2024년 6월 29일

가을꽃 당신

You are the Autumn flower
Written by Yohahn Su
All rights reserved.
Korean Edition Copyright ⓒ 2024 by Christian Literature Center, Seoul, Korea.

가을꽃 당신

2024년 8월 15일 초판 발행

| 지은이 | | 서요한 |

편집		오현정
디자인		소신애
펴낸곳		(사)기독교문서선교회
등록		제16-25호(1980.1.18.)
주소		서울특별시 동대문구 천호대로71길 39
전화		02-586-8761-3(본사) 031-942-8761(영업부)
팩스		02-523-0131(본사) 031-942-8763(영업부)
이메일		clckor@gmail.com
홈페이지		www.clcbook.com
송금계좌		기업은행 073-000308-04-020 (사)기독교문서선교회
일련번호		2024-92

ISBN 978-89-341-2725-3(03230)

이 책의 출판권은(사)기독교문서선교회가 소유합니다.
신저작권법에 의하여 한국 내에서 보호받는 저작물이므로 무단 전재와 무단 복제를 금합니다.

목차

추천사 1 김향주 박사 | 전 미주 기독교 문인협회 이사, 현 청교도신학원 조직신학 교수 1
추천사 2 류재복 대표 | 시인, 정경시사 「포커스」 발행인 2

머리말 12

1부 / 생명나무

기도 1	15	만추	35
사랑이여	17	송정해수욕장	36
가을	18	파도의 노래	38
고추잠자리 1	20	송정의 파도	40
고추잠자리 2	21	10월 October1	42
생명나무 1	22	10월 October2	43
생명나무 2	23	11월 November	45
선악과 1	25	추수감사절에 부쳐 1	47
선악과 2	26	감동의 추수감사절	49
8월 한가위 1	28	12월 December1	51
8월 한가위 2	30	겨울로 가는 길목	53
8월 한가위 3	32	아, 세월이여 인생이여	55
복된 주일	34		

2부 / 일천 번제

눈 오는 날의 추억	58	제20대 대통령 선거에 부쳐1	80
송년 주일에 부쳐	60	제20대 대통령 선거에 부쳐2	82
송구영신에 부쳐	62	3·1절에 부쳐	84
임인년 원단	64	가시 떨기나무1	86
원단의 기도	65	가시 떨기나무2	88
촛불1	67	소명의 길	90
촛불2	68	지하철1	91
촛불3	69	지하철2	93
한밤의 수채화	70	지하철3	95
입춘	72	4월의 노래	97
한밤의 기도	74	돌무덤	99
우수	76	검수완박에 부쳐	101
일천 번제	78		

3부 / 100배의 은총으로

5월 May	104	산행	112
어머니	106	꽂꽂이 은총	114
기도2	108	꽂꽂이 예찬	116
기도3	110	6·25 단상	117

절정 1	119	광복 77주년, 세계 속에 우뚝 서기를	130
절정 2	120		
일본 수상 아베의 서거	121	처서 단상	132
아베의 길	123	추석 단상	134
100배의 은총으로	125	운무송	136
입추 단상	127	가을 은총	138
가을 산책	129		

4부 / 가을꽃 당신

아사셀 양	141	바람의 고향	165
10월 10일 광화문 애국 대회	143	주 오신 날: 왕의 강림	167
가을꽃 당신	145	월드컵 단상1	169
눈물방울	147	월드컵 단상2	171
인생 단상	149	월드컵 단상3	174
무제	151	월드컵 단상4	176
사노라면	153	有終의 美	178
입동	155	동지 팥죽1	180
이태원 참사 단상	157	크리스마스 단상	182
추수감사절에 부쳐2	159	송년 유감1	184
추수감사절에 부쳐3	161	송년 유감2	186
추수감사절에 부쳐4	163	12월 31일	188

달의 노래 별의 노래1	190
독수리 비상	192
갈멜산 단상	193
로뎀나무 아래서	195
6월 단상	197
신문 단상	199
에벤에셀	201

부록

은총에 빚진 자 되어	204
오직 예수를 노래한 님이여	207
어머니 영전에	209
어머니 정복순 권사님 입관에 부쳐	211
유골함 유감	213
僧舞1	216
僧舞2	218
僧舞3	220
僧舞4	222
僧舞5	224
僧舞6	226
僧舞7	228
僧舞8	230
僧舞9	232
僧舞10	234
僧舞11	236
僧舞12	238
僧舞13	240
僧舞14	242
별난 사랑	244
보름달1	246
보름달2	247
품게 하소서	249
시련의 때	251

머리말

    2019년 12월 중국 우한에서 발생한 코로나19는 순식간에 전 세계를 공포에 빠뜨렸다. 그 과정에서 세계 도처의 수많은 사람들이 유명을 달리하였다. 안타깝게 타계한 사람들 못지않게 생존자들의 고통 또한 필설로 다 기록할 수 없다. 여러 현상 중에 대표적인 예가 바로 가족과 직장은 물론 공공장소에서 회식을 포함한 모임을 갖지 못하였고, 감염병의 확산 통제로 교회 또한 예배를 드리지 못하였다.

    이러한 상황에서 몇몇 지인의 요청으로 서초동 남부터미널 근교에 예수사랑교회가 설립되었다. 필자는 설립 주일부터 교수 재직 시처럼, 매시간 직접 작시한 시를 성도들과 함께 나누었다. 그러나 종종 주일을 앞두고 준비되지 않았을 때는 온몸이 전율하였다. 그렇게 시작된 시들은 한 주도 빼지 않고 예배 마친 후 광고 시간에 함께 낭송하였다. 상재된 시들은 특별히 주제를 따라서 요일 시와 승무에서 보듯이 약 250수가 되었다.

    상기한 시들은 교회 설립 이후 국내외의 급박한 상황에서 잉태된 바, 시대가 낳은 역사 및 사상물이자 예수 한국 자유통일을 열망하는 애국 시들이며, 무엇보다도 하나님의 은총에 감사하는 신앙 시들이다. 따라서 필자는 약 250수의 시들을 2권으로 나누어, 1권 『가을꽃 당신』, 2권 『가나안 가는 길』로 출간하였다. 이유는 다른 시와 달리 비교적 길기 때문이다. 2권의 시집은 동일한 공간에서 하나의 목적과 통찰, 흐름 속에서 전개되었다.

이번에 상재된 2권의 시집은 앞에서 언급한 대로 코로나19 시기에 함께한 예수사랑교회와 성도들, 그리고 한국 교회의 부흥과 회복을 열망하는 국내외에서 땀 흘려 헌신하신 성도들과 애국 시민들에게 헌정한다. Coram Deo! [1]

2024년 8월
中甫 서요한 배상

---

[1] 초대 교회의 교부 히에로니무스(제롬)가 번역한 라틴어 성경 불가타(LXX)역에 따른 코람 데오(coram Deo, 신전 의식 - 하나님 앞에서)에 사용된 성경 구절은 다음과 같다. (1) 구약성경: 창 6:11; 민 10:9; 신 4:10; 12:18; 16:11; 26:3; 대상 13:8,10; 16:1; 대하 33:12; 왕상 8:65; 에 8:21; 욥 15:4; 32:2; 시 56:13; 잠 3:4; 전 5:2; 단 6:10; 말 3:14; (2) 신약성경: 눅 12:6; 24:19; 행 4:19; 8:21; 롬 4:22; 고후 2:17; 4:2; 7:12; 12:19; 갈 1:20; 딤전 5:4, 21; 6:13; 딤후 4:11; 계 3:2; 8:4.

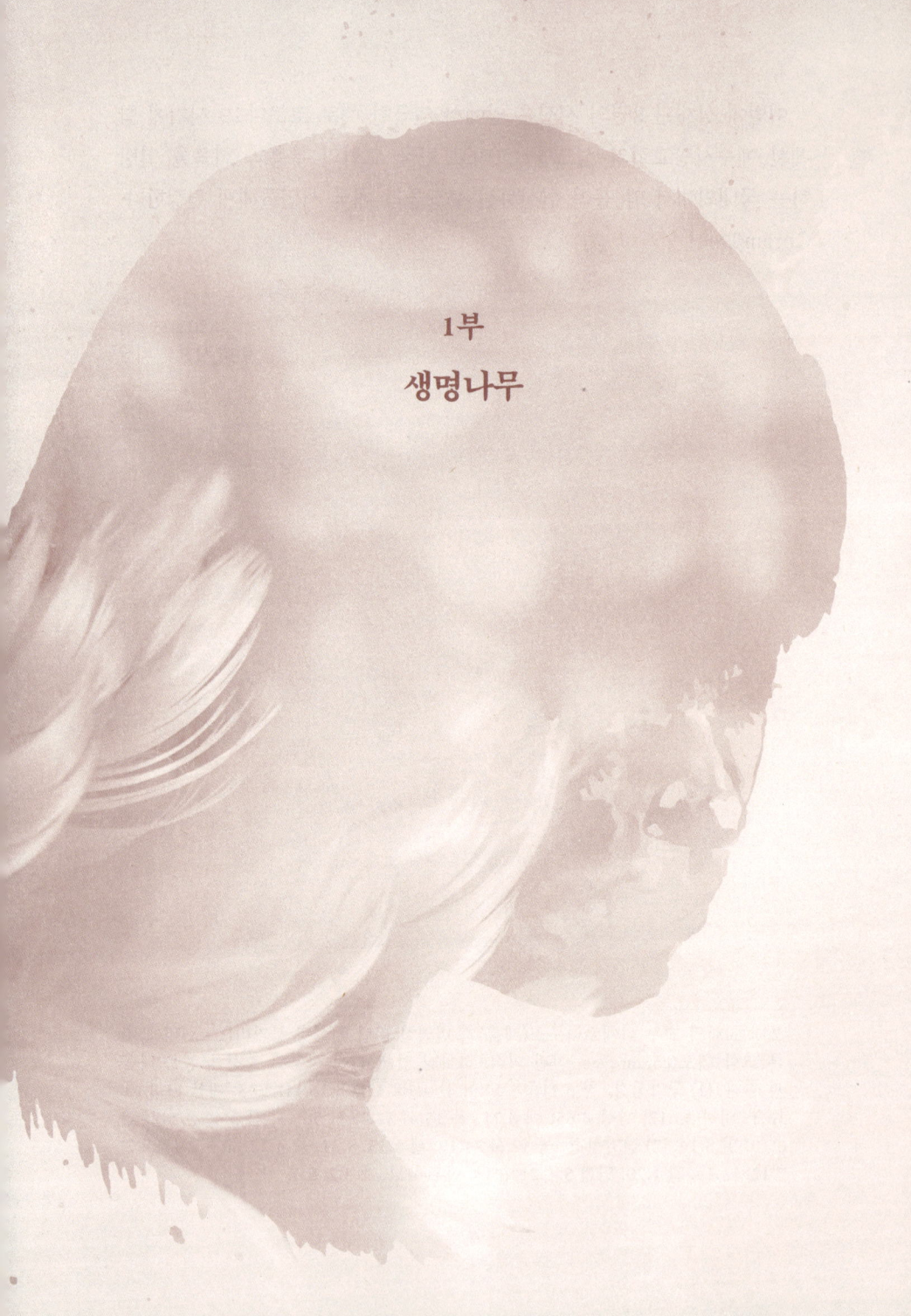

1부
생명나무

기도1

주여
지난여름은
코로나19와 열대야로
너무나 힘들었습니다

하지만 입추
계절은 어느덧
가을이 되었습니다

주여
우리 마음에 쌓인
지난날의 원망 불평
모두 제하시고

풍성한 오곡백과로
하늘의 기름진 것으로
우리의 마음에 채우소서

복된 주일

여기 모인 우리들
말씀 앞에 엎드렸습니다

아침 이슬 같은
맑고 고운 사랑

백주 대낮처럼 강렬한
폭풍 같은 은총
우리에게 내려 주소서

주여
우리의 몸과 마음을 묶어
감히 제단에 올립니다
주여 받으시고
홀로 영광 받으소서

2021년(辛丑) 立秋에

사랑이여

그대는 스치는 바람처럼
얼굴 없는
전천 후 마술사

역사를 초월하여
1년 365일
하루 24시간 낮밤없이

남녀노소 빈부귀천
지위고하와
국경과 이념을 넘어서

언제나 첫사랑의
설레이는 마음으로
사지백체를 뒤흔들고

때로는 못다한 상처로
다짐에 단념을 하지만

돌아서면
다시 그리운 그대는
내 영혼의 아편

2021(辛丑)년, 初秋

가을

천고마비의 계절

이때를 위하여
지난여름은
그렇게 무더웠던가

지구촌 여기저기
폭염과 폭우[2]

아직 기억 생생한데
조석으로는
선선한 바람

이제 모든 것은
역사 속에 추억으로

---

[2] 2021년 7-8월의 이상 기온으로 북유럽 독일과 벨기에, 네덜란드에는 100년 만에 2일 동안 약 150밀리미터, 중국 정저우에는 1,000년 만에 1시간 동안 200밀리미터의 폭우가 쏟아져 수많은 인명 피해와 이재민이 발생하였다. 특별히 중국에서는 중심부의 징광(京廣) 터널과 지하철이 침수, 산샤댐이 붕괴되었다. 그리고 8월 15일 일본의 규슈에는 기록적 폭우로 나흘간 1,024밀리미터의 강수량을 기록하며 이재민이 속출했다.

창조주 여호와 하나님
홀로 통치하시고
세세 영광 받으소서

2021(辛丑)년 初秋

고추잠자리 1

보일 듯 말듯
연약한 두 날개의
빨간 머리
고추잠자리

반짝이는 눈동자에
360도의 회전목마

길게 쭉 뻗은 몸으로
보란 듯이 하늘 나는
천하의 귀공자

하지만
작은 바람에도
겁에 질려 놀라는 것은

아직 때 묻지 않은
7살 배기 소년의
잔잔한 동심으로

그 모습 그대로
가을의 전설이소서
꿈과 소망이소서

2021(辛丑), 初秋

고추잠자리 2

하늘을 날으는
살아 숨 쉬는
최소형 저공 비행기

길게 쭉 뻗은 몸매에
빨갛고 둥근 머리
반짝이는 눈동자

언젠가 어린 가슴에
하늘 꿈을 심어 준
천하의 귀공자로

무심한 세월 속
황금빛 이 계절에
금빛 날개 펼치거라

2021(辛丑), 初秋

생명나무 1

하나님이 창조하신
에덴동산 중앙의
생명나무

화려하지 않아도
고운 것 자랑할 것 없어도
사시사철 아름다운
풍성한 열매로

일 년 365일
하루 24시간
영원부터 영원까지

이 세상의 모두를 위한
젖과 꿀이 흐르는
영혼의 양식으로
영생하는 축복으로

주여!
오늘도 우리에게
생명 양식 주소서
우리 먹여 주소서

2021(辛丑), 初秋

생명나무 2

하나님이 창조하신
아름다운 동산
그대 에덴의 장자여
모든 피조물의 맏아들이여

오직 하나뿐인
하늘의 찬란한 태양처럼
밤하늘을 수놓는
광명한 새벽별처럼

하늘만 바라며
전능자의 지혜와 능력을 따라서
사시사철 생명의 양식으로
모두에게 소망으로

세상은 비록 한숨과 눈물
시기와 질투, 갈등과 대립
원망과 불평, 난리와 난리 속에
이렇듯 종잡을 수 없는
모래 위의 바벨탑으로

하지만 무수한 언어의 혼잡과
끝없는 술수와 음모에도

독야청청하여
과실 가득히
샤론의 꽃 향기 발하여

죄인에게는 구원을
상처받은 영혼에게는 치유를
절망한 자에게는 희망을
불안한 자에게는 안식을

그리고 이 땅의
선택받은 당신의 백성들에게는
가나안의 젖과 꿀이소서
영원히 마르지 않는
참된 생수이소서

2021(辛丑), 大雪

선악과1

에덴동산 중앙의
선택받은 님이여

생긴 모습 그대로
보암직하고
먹음직한 것이
모두의 시선으로

하지만
그것은 유혹의 손짓
사악한 미소일 뿐

그 속에는 음부
스올의 저주와 죽음이
끝없이 물결치고

감히 그 누군들
패악에서 벗어날꼬

주여
생명나무 주소서
굳센 믿음 주소서

2021(辛丑), 仲秋

선악과2

그대 천千의 얼굴을 한
에덴의 마술사여
일그러진 빛의 천사여

창조 이후
얼마나 많은 영혼을
달콤한 유혹으로
절망에 빠뜨렸는가

하지만 세월에
아니지 결코 아니야 하면서
피하지 못한 채

하루에도
수만 번의 갈등 속에서
어쩔 수 없이
그대의 달콤한 눈길에
타협하는 실존

도대체 그대는
나에게 무엇을 원하는지
그대 앞에 나
왜 그렇게 무기력한지

오호 애재라
오호 통재라

그대여 더는
더는 나를 미혹하지 말고
영혼에 섬길 자 있나니
나를 떠나가라

하여 나로 자유케 하라
내 영혼이 행복하게

2023(癸卯), 孟夏

8월 한가위 1

민족 명절 8월 한가위

지난여름의 무더위
장마와 태풍
혹독했던 고통과 시련
말끔히 씻어내듯이

창밖의 선선한 바람 따라
어느덧 계절은 바뀌고

천고마비의 계절
온 산천은 황금빛으로
실로 풍요로운 절기

비록
내가 한 것 하나 없어도
때를 따라 도우시는
분에 넘치는 하늘의 은총
내 잔이 넘치나이다

주여, 복된 절기에
두 손 모아 100배로
감사하게 하소서
찬양하게 하소서

2021(辛丑)년 仲秋

8월 한가위 2

모처럼의 여유
하늘이 주신 선물

사실
일상의 삶 별거 아니건만
매 순간
뒤돌아볼 여유도 없이

무엇에 그렇게 쫓기는 듯
마음이 팔려
숨 가쁘게 달려왔는지

한걸음 아니 반걸음만
좀 쉬어 가도
모든 것이 새로울 것을

8월 한가위 대보름
나를 보고 미소 짓는 님

나, 그대를 바라보며
샘솟는 기쁨으로
함박웃음 짓는다

하여, 삶 때로 힘들어도
언제나 그 자리에
그대와 함께하기를

오늘 하루 복된 하루
주님의 은총 넘치소서

2021(辛丑) 仲秋節

8월 한가위 3

어릴 적
한때 모두의 희망으로
꿈을 담은 보름달

하지만 한 해 두 해
청년기 장년기 노년기
쌓인 것은 아쉬움뿐

역사 속에 누적된
무심한 세월을
탓할 수는 없으련만

무거운 마음과 달리
언제나 한자리에서
미소 가득히

앞으로 사는 날
얼마나 더
마주할지 몰라도

8월 대보름
어릴 적 꿈 가득히
돌아오라 청춘이여

우리들 머문 곳에서
모두에게 축복이어라
하늘 은총이어라

2023(癸卯)년, 秋夕

복된 주일

주여
나의 마음 드리오니
마음 받아 주소서

나의 영혼 드리오니
영혼 받아 주소서

주님밖에
허물과 죄로 죽을 죄인
그 누가 살펴 주리오

사지백체
정수리부터 발끝까지
멍들고 상하여

온갖 고통과 신음 속에
음부에서 탄식 중에
죽어야 할 존재

주여
이 죄인에게
당신의 자비 베푸소서
하늘 은총 허락하소서

2021(辛丑), 仲秋節

만추

온 땅은 오색 빛깔로
하늘을 가린 채
술에 취한 듯 춤을 추고

산들바람에
절규하듯 몸부림치다가
떨어지는 낙엽들

그 낙엽
하나하나에 얼룩진
지난날의 고뇌

햇살에 웃음 짓고
때로는 비바람 소낙비에
잠 못 이루고

이렇듯 가는 세월에
어찌 그 마음 다 알까마는
아름다운 꽃이소서

만추, 늦가을의 정취
나, 그대를 사랑한다오
심장의 향기이소서

2021(辛丑), 晩秋

송정해수욕장

철석 철석 사아
철석 철석 사아

해변가의
찬란한 가로등 불빛 아래
깊어 가는 가을밤
송정해수욕장의
바다 물결 소리

철석 철석 사아
철석 철석 사아

무슨 서러움에
어둠 속 수만 리 길에

하얀 거품을
끝없이 쏟아내는지
통곡하듯이
돌고 도는 바다 물결

그 시각
호텔 창밖에서는
환호 속에 하늘을 수놓는
젊은 이들의 불꽃놀이

수많은 날 중에
비록 잠시 머물다 가는
하룻밤 나그네여도

가슴의 잔류한 걱정 근심
파도여 씻어 내고
불꽃이여 불태워라

하여 하루 길 인생
가벼운 마음으로
오늘만 같아라
새날의 희망을 위하여

2022(壬寅)년, 白露

파도의 노래

한 방울 한 방울의
하늘 빗방울

수많은 사연을 안고
대지를 적시며
계곡 따라 시내를 이루고
강물 따라 바다 이뤘네

무정한 세월 속에
끝없이 출렁이는 파도

역사 속에 직면한
고난과 시련의
누구도 전혀 예기치 못한
코로나의 발병과 확산

여전히 고통 중에
죽은 자들 그 얼마인지
아직은 다 말할 수 없어도
하얀 거품의 천년의 파도
모두의 눈물인 것을

하지만 그 눈물
언젠가 작열하는 태양으로
다시 하늘 구름이 되어
축복의 소낙비 되리라

파도여 파도여
우리의 눈물을 씻어다오
우리의 노래가 되어다오

2021(辛丑)년 晩秋

송정의 파도

바람 한 점 없는
시간도 멈춘 듯한
적막한 밤의 송정 해변

무슨 사연 있기에
파도는 쉬임 없이
하얀 거품을 쏟아내며

잠든 나를 깨우고
나의 귓전을 울리는가
내 마음을 흔드는가

수많은 날은 흘러갔어도
잠시 지나는 여정이건만
물결 따라 떠오르는 추억들

사랑도 이별도
세월 속에 꿈을 묻은 채
그리움을 실은 파도

아 파도여 은빛 파도여
나의 청춘을 돌려다오
마지막 꿈을 불태우게

오늘 하루 복된 하루
크신 은총 넘치소서

2021(辛丑)년 晚秋

10월 October1

조석으로는 선선한 것이
요즘 같으면
살만한 계절

산과 들은 천고마비의
황금 물결로
마을마다 축제 중

내 마음은 넉넉함으로
하늘 은총에
감사 절로 나오고

한 해 동안 걸어온 길
잠시 돌아 보니
모두가 크신 섭리

주여, 사는 날 동안
사랑이게 하소서
은총이게 하소서

오늘 하루 복된 하루
주님의 축복 넘치소서

2021(辛丑)년 晩秋

10월 October2

수억만 리
강 건너
재 넘어 불어오는
쌀쌀한 바람

그 바람에
때로는 우리 움츠려도
빨갛게 익어 가는
들녘의 오곡백과는
이 계절의 역설

삼천리 금수강산
도처에서 피어나는
행복한 미소
감사와 찬양 가득히

하지만 이렇게
또 한 해는 가는지
아쉬움 속에
세월이 두렵다
세월이 무섭다

주여
우리 기억하소서
우리 축복하소서

2022(壬寅)년, 晚秋

11월 November

11월 1일 월요일
새 달 한 주간의 시작
겨울로 가는
늦가을의 정취

온 산하는
형형색색 아름다움으로
빨갛게 불타오르며
손짓하며 미소 짓네

아, 무지갯빛 가을이여
환희의 불꽃으로
온 세상을 물들이며
우리의 가슴을 불태워라

오늘같이 좋은 날
숲속의 온갖 새들도
저 하늘의 바람도
재를 넘는 구름도

모두 한마음으로
노래하고 춤추며
기쁨의 축제를 벌이자
우리 주께 영광 돌리자

오늘 하루 복된 하루
주님의 은총 넘치소서

2021(辛丑), 晚秋

추수감사절에 부쳐 1

기대 속에 시작한
2021년 신축년 한 해, 365일

코로나의 위협과 도전 속에서
산과 들에 오곡백과
비바람 천둥에도 미소 지으며
알알이 열두 광주리

그 어간에
벌써 계절은 한 해 끝자락으로
원망과 불평 속에
송구한 마음뿐

땀 흘리며 열심히 살아왔어도
기억에는 별로 한 것 없고
잠시 돌아보니
분에 넘치는 하나님의 은혜

주여!
우리에게 주어진 시간
더욱 큰 사랑으로
100배의 감사이게 하소서

마음과 뜻, 온 정성 모아
당신의 온전한 제물로
헌신이게 하소서
충성이게 하소서

2021(辛丑), 立冬

감동의 추수감사절
-첫 번째 예수사랑교회 감사절에-

이 세상, 오대양 육대주
지구촌의 수많은 교회

그중에
서울 강남권 중심의
남부터미널 16번 출구의
예장, 예수사랑교회

엊그제 갓 태어난 신생아로
몸 하나 제대로
가누기에는 버거운 아이

누군가의 도움이 아니면
결코 한순간도
부지할 수 없는 생명

하지만
우리 교회는 어린아이의
앳된 모습을 뒤로하고

마치 7-8세의 아이처럼
지혜롭고 분별력 있는
사랑과 섬김의 열정으로
오곡백과 가득히

때를 따라 도우시는 여호와
하늘의 은총을 사모하는
선택받은 공동체

이제는 주님의 뜻에 순종하며
내일을 향해 힘차게
손잡고 전진하기를

추수감사절에
모두에게 축복이소서
모두에게 은총이소서

2021(辛丑), 小雪

12월 December1

2021년 신축년 한 해
12월, 캘린더의 마지막 달

잠시
지나온 날들을 뒤돌아보면서
두어야 할지 넘겨야 할지
명상에 잠긴다

창밖의 울창한 플라타너스
가지에 푸른 잎사귀들
아직 청운이 가득한데

마지막 잎새
북풍을 피하고 싶은 듯이
못내 이별이 아쉬워
마주 보며 바람에 스치고

이렇듯 무심한 세월에
숨 가쁘게 달려온 한 해
어떻게 열두 고개를
별 사고 없이 넘어왔는지

하지만
모든 것은 역사 속에 묻고
남은 날들을 헤아리며
못다 한 꿈을 향하여
힘차게 전진하리니

우리네 인생
얼마나 살지 잘은 몰라도
구원자 예수 그리스도
우리 주님과 함께 행복하소서
하늘 은총 가득하소서

2021(辛丑), 大雪

겨울로 가는 길목

거리마다 찬바람 스치고
바람 따라 낙엽들
각각의 수많은 사연을 안고
대지를 누빈다

가는 것은 무엇이며
오는 것은 무엇인가

언젠가 하늘 향해
해맑은 미소를 짓던 날
세상은 그렇게 환호하며
꿈과 이상 가득했거늘

하지만
거스를 수 없는 세월에
뜻과 달리 꿈을 접은 채
사의 예찬!

한 해 끝자락 12월
겨울로 가는 길목

비록, 이룬 것 없어도
저기 하늘 중천에 걸린
큰 별 하나
모두의 소망이려니

사랑하는 주님

여기 우리 머문 곳에서
두 손 들고 찬양하게 하소서
엎드려 경배하게 하소서

들에서 양 치던 목자들처럼
큰 별 따라 먼 길 찾아온
동방박사들처럼

2021(辛丑)년, 歲暮

아, 세월이여 인생이여

중국의 옛 시인 양만리[3]는
화무십일홍이요
인불백일호라 했던가

이렇듯
바람처럼 가는 세월이여
구름 따라 가는 인생이여
가는 발길 멈추고 서서
내 말 좀 들어보소

엊그제 친구들과 장난치며
고무줄놀이와 숨바꼭질
술래잡기와 구슬치기하며
천방지축 뛰어놀던 시절

하늘의 별을 가슴에 품고
주경야독하며 꿈을 키우던 시절
취직과 결혼, 가족 부양

---

[3] 중국의 역사는 황하강에서 유래한바, 초기에 하(B.C. 2100년-1600년), 상/은(B.C. 1600년-1,000년), 주(B.C. 1050년-256년)가 지배하였고, 서주 멸망 후 500년간 춘추전국시대(B.C. 770년-221년) 그리고 B.C. 221년 진시황의 중국 통일, B.C. 206년 패망 이후 한(B.C. 206-A.D. 220년), 남북조시대(220-581년), 수(581년-618년), 당(618년-907년), 송(960년-1279년), 원(1279-1368년), 명(1368년-1644년), 청(1644년-1912년)의 여러 왕조가 흥망을 반복했다.

오직 앞만 보고 달려온 세월

잠시 돌아보니
실로 얻은 것은 무엇인지
가는 세월 막지 못한 채
어느덧 백발의 나그네
우리는 이제 어찌해야는지

마음은 여전히 청춘이건만
세상은 나를 향하여
늙었다고 노인 취급하여
때로는 한숨에 잠 못 이루지만

주여, 부르심의 날까지
우보만리
감사하며 살게 하소서
하늘 보며 가게 하소서

2021(辛丑)년, 歲暮

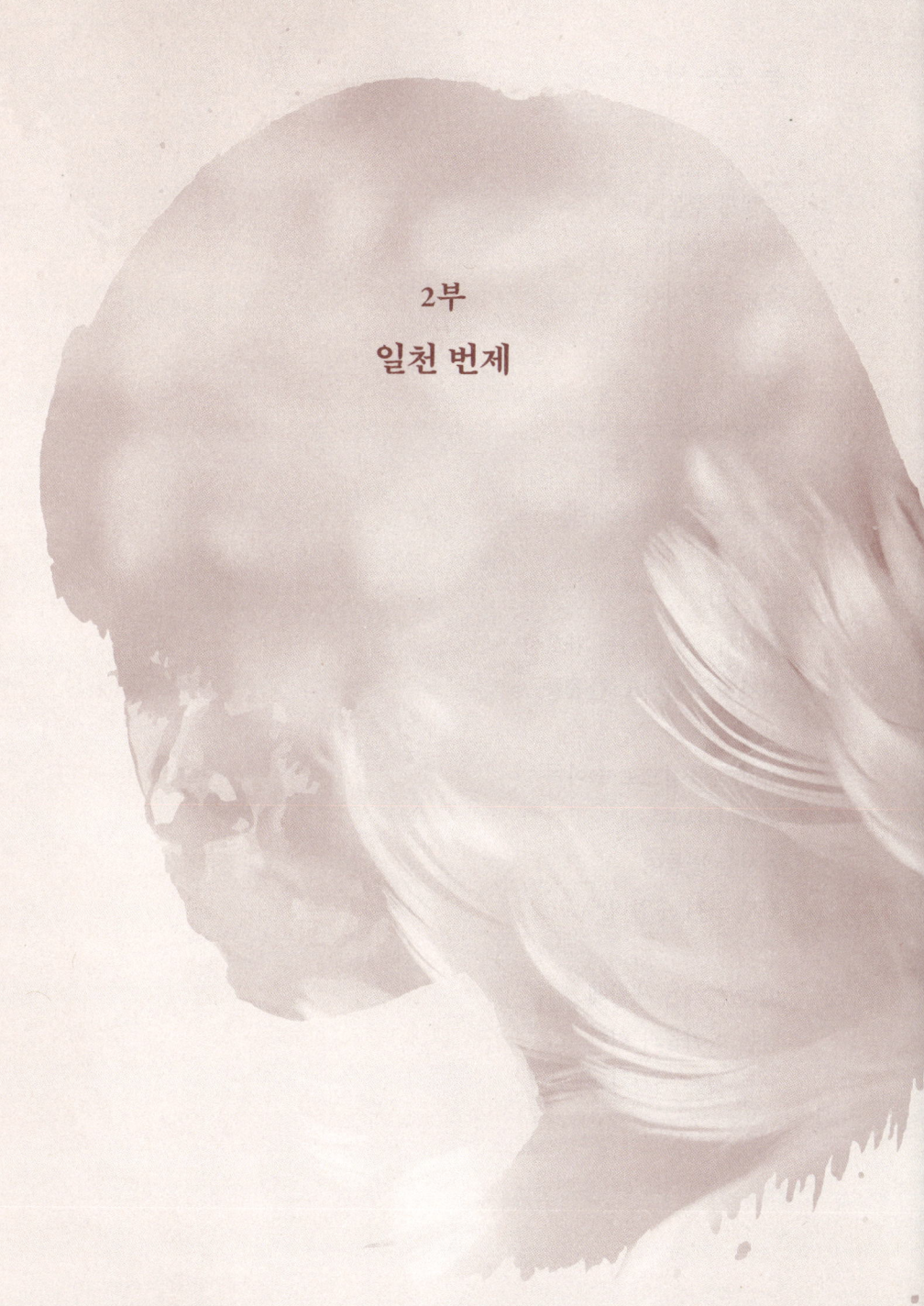

2부
일천 번제

눈 오는 날의 추억

그렇게 추운 날씨
찬바람 불더니
스름스름 내리는 눈

갑자기 온 하늘을
하얗게 수놓는 함박눈
한 폭의 아름다운
자연 병풍을 연출하네

그 사이
여기저기서 터지는 환호성
여기에 강아지도 한몫을

사람들 동심으로 돌아가
어울려 눈싸움에
눈사람 만들며
연지 곤지 추억 만들고

이렇듯 가는 세월에
남는 아쉬움과 회한
모든 것은 역사가 되고

복된 성탄
우리 주 예수 그리스도의 강림
새로운 삶의 이정표로
하늘 영광이소서
이 땅 평화이소서

2021(辛丑)년, 救主 聖誕

송년 주일에 부쳐

2021년 신축년 한 해
1년 12달 365일
실로 꿈 많았던 시간들

오늘은 마지막 주일

그동안
코로나19의 위협과
수많은 도전에도 불구하고
변함없는 사랑으로
함께하신 주님의 손길

은총에 감사하며
동분서주
열심히 살아왔어도
돌아보니 빈 항아리뿐

이제 와서 후회한들
모든 것은 바람을 잡는 것을

송구한 마음, 어찌해야 할지
고개를 들 수가 없네
말없이 눈물만 흐르네

주여
이 죄인을 불쌍히 여기시고
긍휼히 여기소서
나에게 다시 새 힘을 주소서
당신의 뜻 이룰 수 있게

2021(辛丑)년, 送年 主日

송구영신에 부쳐

1월 1일 새해 첫날
기대 속에
꿈 많았던 나날들

하지만 오늘은
아쉬움 속에 마지막 날
12월 31일

저 푸른 창공의
해와 달과 별들은
그대로건만

무심히 가는 세월 따라서
가는 것은 가는 대로
오는 것은 오는 대로

어차피
아무것도 할 수 없다면
기쁘게 보내고 맞을 것을

아 세월이여 인생이여
이렇게 바람 따라
구름 따라 가는 것인가

주여
오직 주만 세세토록
영광을 받으소서

그리고 여기 우리들
재림의 그날까지
영원에 잇대어 살게 하소서

2021(辛丑)년, 마지막 날

임인년 원단

눈앞에 펼쳐진
티 없이 맑은 햇살의
찬란한 창조의 아침

언제 어떻게 어디로
발길을 돌려야 할지
설레이는 마음으로

무슨 일을 만날지
전혀 알 수 없지만
범처럼 위풍당당하게

아쉬웠던
지난 해와 달리
금년 한 해는
풍성한 열매 가득히

하늘의 만나 주소서
메추라기로 채우소서

주님의 은총 아래
만사형통
모두의 소원 이루소서

2022(壬寅)년, 元旦

원단의 기도

주여
당신의 영원한 경륜 속에서
맞이한 새해

티 없이 맑은 하늘처럼
마음에 무엇을 그려야 할지
모든 순간은 설레임으로
순수 농도 100%로

출발점에서 문득
지난 한 해를 돌아보니
주마등처럼 뇌리를 스치는
아쉬운 삶의 궤적들

비록 자랑할 것 없어도
모두가 은총이었습니다
모두가 축복이었습니다

주여
당신이 주신 한 해
수천 번 속을 줄 아시면서도
또 한 해를 주셨습니다

주여, 어떻게 해야는지
가르쳐 주소서
말씀해 주소서

금년 한 해 365일
주신 약속 붙잡고
새것은 새 부대에
가득히 담을 수 있는 여유로
후회 없는 삶이기를

온전히 은총이소서
믿음 소망 사랑이소서

2022(壬寅)년, 正初

촛불 1

칠흑 같은 어둠 속에
한줄기 빛으로

자신의 속살을 태워
활화산처럼

때로는 바람에
흔들려도
독야청청하여

사라지는
최후의 순간까지
미소 가득히

태워라 태워라
어둠을 태워라
울어라 울어라
심장아 울어라

뜨거운 불꽃으로
불타는 사랑으로

2022(壬寅)년, 正初

촛불2

활활 타오르거라
때로는
뜨거운 눈물로

코로나로
여기저기 탄식 깊고
모두가 힘든 세상

밤낮 할 것 없이
하늘 향해
솟구치거라
활화산처럼

하여 불꽃으로
모두에게 희망이거라
영원토록!

2022(壬寅)년, 正初

촛불3

바람아
건드리지 말아라
바람아
유혹하지 말아라

그렇지 않아도
겉과 달리
마음은
온갖 도전으로
고뇌하는 중

뜨거운 눈물
마를 날 없으니

두거라 두거라
그대로 두거라

어둠을 태우며
홀로 빛으로
희망을 노래하게

2022(壬寅)년, 芒種

한밤의 수채화

엄동설한
눈이 내리려는 듯
검은 하늘에 찬바람

창밖의
발길 끊긴 거리는
정적만 흐르고

하지만
나목들은
운명처럼 바람 타고
원초적 생명을 찾아서
기지개를 펴고

사는 것이 무엇인지
나는 드넓은 창공에
수채화를 그린다

삶 비록 힘들고 어려워도
서 있는 자리에서
날마다 하늘을 바라보며
삶을 노래해야지

돌아보면 모든 것은
주님의 크신 은혜로

주여
당신이 주신 삶
모든 시간, 매 순간을
사랑하게 하소서
감사하게 하소서

2022(壬寅)년, 正初

입춘

저 멀리 바다 건너
수만 리 길을
재 넘어온
모두가 그렇게 기다리던
반가운 손님

님은 언제나 그렇게
매년 이맘 때
따스한 바람과 함께

속삭이듯이
잠자던 산천을 깨우고
나목을 깨우고
동토에 잠든
새싹들을 깨우며

심지어 잠자던
나의 사지백체와
영혼을 깨우네

하여 온 땅은
하늘의 초록빛으로
내일을 향한
희망으로 충만하고

입춘

하나님의 선물
2022년 1년 365일
영혼의 무지갯빛 향기로

님의 발길에
주의 사랑 넘치소서
행복 가득하소서

2022(壬寅)년, 立春

한밤의 기도

정적 속에 깊어 가는 밤
무수한 별들 반짝이고

언젠가
하늘의 뭇별들을 바라보며
꿈꾸던 시절

문득, 흐르는 세월 속에
그 꿈 어디에 있는지
헤아려 보니 빈 항아리

사실 지금까지
그 누구보다도 동분서주
열심히 살아왔지만
잠 못 이루는 밤

후회한들
지금은 너무나
너무나 멀리 와 버린 발길
창밖에 바람만 부네

주여, 이제 어떻게
우리 어디로 가야는지

남은 날 계수하며 살도록
말씀하여 주소서
가르쳐 주소서
당신의 뜻 이룰 수 있게

2022(壬寅)년, 立春

우수

어디선가
바람 따라 소리 없이
지축을 흔드는 소리
봄이 오는 소리

창문을 열고
무슨 소리인가 살펴보니
저만치 앞마당
초목들의 기지개 소리
영혼을 깨우는 소리

우수, 한 방울 두 방울
생명의 향기로
방울방울 내리는 비

대동강의 얼음을 녹이며
메마른 대지를 적시고
계곡물 시내 되어
강물 따라 바다 이루고

이렇듯 기대 속에
시작된 한 해
우리의 희망은
바다 물결 따라 파도치고

봄의 전령사
우수
소리 없이 내리는 비
님의 발길에
하늘 가득 축복이소서

2022(壬寅)년, 雨水

일천 번제

주여

끝없는 고난과 시련
막중한 책임감에
도무지
예측할 수 없는 길
어디로 가야 할지 몰라

당신을 향해
마음을 담았습니다

주여

이 세상에
오직 한 분 당신만이
나의 요새요 피난처요
반석이시기에

진동하는 피의 제단에
진심을 담았습니다

모든 허물과 죄사하시고
하루하루 사는 동안
하늘 지혜 주소서
주여 인도하소서

2022(壬寅)년, 雨水

제20대 대통령 선거에 부쳐 1

매 5년마다 시행되는
대통령 선거
2022년 3월 9일, 20대 대선

거리에는
각당 후보들의 유세로
홍보전이 한창

저마다
적임자를 자처하며
목소리를 높이고

하지만 정작
마음에 드는 후보가 없는
역대 비호감으로

그중에 과연 누구를
대통령으로 뽑아야 할지
정말 필요한 신의 한 수

주여, 사방은
온갖 거짓과 비난으로
도전받는 시대에

오늘 우리는
어떻게 행동해야는지
이 땅 새롭게 하소서

주여
우리를 불쌍히 여기시고
응답하여 주소서
인도하여 주소서

2022(壬寅)년, 大選

제20대 대통령 선거에 부쳐2

여기저기
거리에 나붙은 벽보들
2022년 3월 9일
20대 총 13분

후보들 모두
향후 국운을 좌우할
신념의 통치력으로
대통령이 꿈과 희망

하지만
지도자는 하늘이 내는 것
알고들 출마했는지

결국 선거 후
3월 10일 오전 12시면
당락의 결정으로
희비 쌍곡선

잠시 돌아보니
이번 20대 대선은
온갖 폭로와 비난, 거짓과 음모로
말 말 말들의 잔치뿐

주여
이 땅을 하늘빛으로
공평과 정의가 강물처럼
당신의 뜻 보여 주소서
우리 인도하소서

2022(壬寅)년, 大選

3·1절에 부쳐

1910년 8월, 일제의 경술국치
1919.3.1. 정오
파고다공원의 민족대표 33인
기미독립선언문 낭독

민족자결주의와 함께
전 세계를 휘몰아친
평화의 외침이었습니다

하늘 꿈을 품고
오랜 동면에서 깨어난
민초들의
자주독립에 대한
열망이었습니다

대한독립만세
대한독립만세

전국에 울려 퍼진 함성
감히 일본 제국주의의
억압과 무력, 총칼도
막을 수 없는 활화산으로
천만 길 불꽃이었습니다

그렇게 쟁취한 자주독립
민족 통일과 통합을 위한 궐기
2022년 3월, 103년의 세월
우리는 어디로 가야는지

주여 우리 기억하소서
주여 우리 인도하소서

2022(壬寅)년, 3.1절에

가시 떨기나무 1

거친 바람 끝없이 몰아치는
황량한 사막

저만치
하늘 향해 타오르는
거룩한 불꽃의
가시 떨기나무

무슨 일인가 궁금하여
떨리는 마음으로
가까이 좀 더 가까이

살펴보니
나무에 불이 붙었으나
신기하게도
타지 않는 기적의 나무

넋을 놓고 바라보는 중에
불꽃 가운데서
들려오는 세미한 음성

모세야 모세야
네가 선 곳은 거룩한 곳이니
네 발의 신을 벗으라
나는 스스로 있는 자
만군의 여호와 하나님이니라

이렇듯 황량한 사막에
불타는 가시 떨기나무

타거라 타거라 떨기나무야
태워라 태워라 떨기나무야
이 땅의 어둠과
모든 죄악을 불 태워라

하여 그 불길
하늘 높이 솟고 솟아서
창조주 여호와
우리 아버지 하나님께
영원토록 영광 돌려라

2022(壬寅)년, 仲春

가시 떨기나무 2

황량한 사막에
홀로 피어난 꽃이여

어둠을 물리치고
이 땅을 치유하기 위하여
하늘에서 내려온
천상의 불꽃이여
가시 떨기나무여

하늘 향해 타오르는
그 불과 광채로

통곡 속에 마음을 찢으며
몸부림쳐도
도무지 어찌할 수 없는
골수에 박힌 은밀한 죄악들

이 땅의 모든 거짓과
온갖 위선과 음모를 태우고
새롭게 거듭난 영혼에
주님의 붉은 십자가 보혈의
하늘 꽃 장미이소서

주님의 영광을 사모하는
선택받은 무리에게
날마다 만나와 메추라기로
생명 주소서
기쁨 주소서

2022(壬寅), 立夏

소명의 길

햇살에 아롱진
무지갯빛 아지랑이

찬바람에
신기루를 드리우며
희망을 속삭이네

긴 잠에서 깨어난 후
매일 반복되는 일상

지금까지 걸어온 길
앞으로 가야 할 길
알 수 없는 머나 먼 여정

광야의 이스라엘처럼
시내 광야
홍해와 요단강을 건너서

코람데오 신앙으로
오직 하늘 보며 갈 것을

오늘 하루 복된 하루
주님의 은총 넘치소서

2022(壬寅)년, 仲春

지하철 1

집 나선 수많은 무리
어디서 와서
어디로 가는지

노선마다 구간마다
실로 다양한 모습으로

비록 종착지는 달라도
숨 쉴 겨를도 없이
정말 바쁜 걸음들

하루 종일
노심초사 동분서주

밤 되어 서둘러 귀갓길
다시 길게 늘어진 줄
힘들어 처진 어깨

하지만
가슴에는 소망 가득히
사랑 가득히

모두에게
주님의 은총 넘치소서
하늘 축복 넘치소서

2022(壬寅)년, 仲春

지하철 2

천태만상의 군상
이른 아침
어디를 그렇게
바쁘게 가는 건지

행선지는 달라도
목적은 하나
생존경쟁이 치열한 시대
목구멍이 포도청이라
다른 선택지는 무

하지만 뜻과 달리
삶의 현장은 갈수록 치열하고
잠시도 마음을 놓을 수 없는
각박한 현실

주여
보물이 있는 곳에
네 마음이 있느니라
하셨사오니

주신 말씀 따라서
위에 것을 생각하며
동록이나 도적이 없는
하늘에 보화를

하늘에 보화를
쌓게 하여 주옵소서

2022(壬寅)년, 夏至

지하철 3

한마디로 말하면
콩나물시루

도처에서 몰려온
바쁜 걸음의
출근길 승객들

침묵 속에
승차 라인에 서서
전철을 기다린다

매일매일
생존을 위해 불가피한
반복되는 시간들

언제 어디서 무엇을
누구와 어떻게 해야하는지
잘 알지 못해도

소망과 기대 넘치는
행복한 시간들

오늘의 대한민국
엄마 아빠의 지하철 출근
콩나물시루 덕분

2024(甲辰)년, 春4月

4월의 노래

19-20세기 영국의 시인
토마스 S. 엘리어트는
장시 황무지에서
4월을 잔인하다고 했던가

뜻밖의 코로나19로
그렇게 힘들었던
지난 3년의 세월

하지만
춘사월 봄바람에
온 산천은
진달래와 개나리, 벚꽃으로
미소 가득히

사실 우리에게
역사 속의 4월은(4.15, 19)
아픈 상처의 기억뿐
설상가상 코로나까지

은총 아래 맞이한
2022년 사순절

푸른 하늘은 꽃들로
파안대소
바라보는 우리의 마음도
행복은 100배
감사는 1,000배

모든 것은 고진감래
역사의 순환으로

오늘 하루 복된 하루
주님의 은총 넘치소서

2022(壬寅)년, 仲春

돌무덤

누가 깎아 만들었는가
주님 누우신 돌무덤

여전히 밖에는 거친 바람
허다한 무리와
로마 병사들의 감시
조소와 음모 진동하건만

유월절 어린양 예수
깊은 침묵 속에
죄 없이 죽어 누우셨네

하지만 만사, 모든 것
하나하나 살피시며
부활의 첫 열매 되셨네

무리들
심판의 날 다가오건만
세상은 대책 없이
술에 취해 춤추며
먹고 마시고 장가가고

자비로우신 주여
우리는 어찌해야 하올런지
가슴치며 울게 하소서
통곡하게 하소서

우리에게
하늘의 은총이소서

2022(壬寅)년 復活節

검수완박에 부쳐

-2022년 4월 22(금)일, 박병석 국회의장 중재 법안의
 양당 수용을 보고-

법치는 어디에 있는가
정의는 어디에 있는가

국민의 혈세를 먹고
살아가는 국회

100년, 1,000년 대개의
나라의 안정과
국가 발전을 위해
선택받은 의원들

그동안 누린 특권이 얼마인지
다짐과 약속 망각한 채
백주 대낮에
도대체 하는 짓들이 무엇인가

지난 3월 9일 열망 속에
극적으로 이룬 정권교체
새 대통령의 취임을 앞두고
열화 같은 반대에도 불구하고

중재 법안에 대한
양당 대표들의 법안 처리
천인공노할 야합으로
온 국민은 탄식 속에
잠 못 이루는 밤

주여, 이제 이 나라는
어디로 가야는지
우리의 눈물 거두어 주소서

부정과 부패, 음모를 척결하고
정의가 강물같이
공의가 하수같이 흐르게
주여, 우리 소원 응답하소서

2022(壬寅)년, 晩春

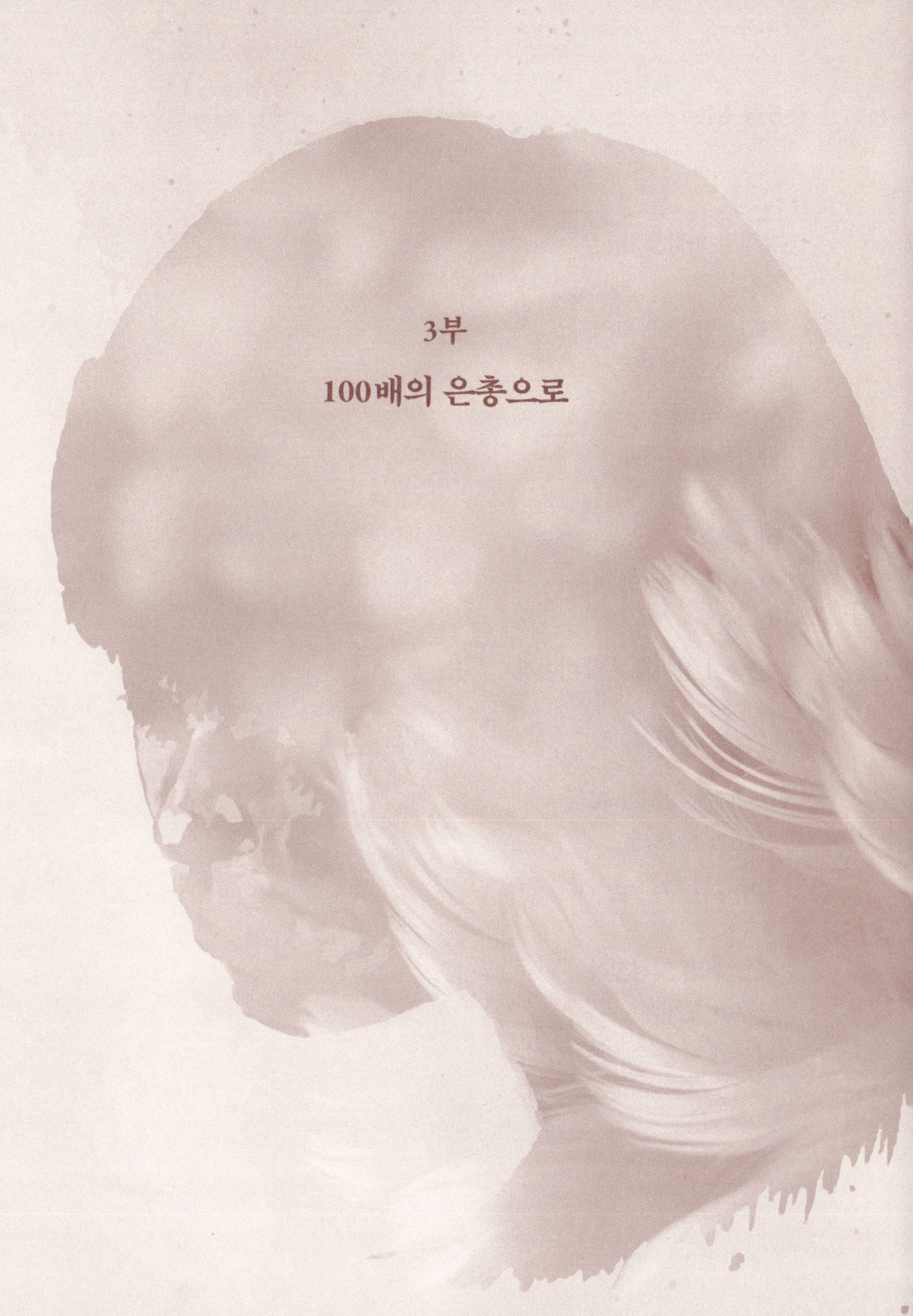

3부
100배의 은총으로

5월 May

계절의 여왕 5월

여기저기 산과 들에
하늘 이슬 머금은
아름다운 꽃들
향기롭게 피어나고

이렇듯
설레이는 우리의 마음은
동심으로
한 송이 향기로운 꽃이어라

하지만 5월은
우리에게 상처가 많은
5·16과 5·18의
현대사의 아픈 흔적들

세월 가면 잊혀질까
꿈꾸며 노래해도
여전히 지울 수 없는 현실

주님
계절의 여왕 5월

우리의 가슴에
하늘 향기로 채우소서
당신의 은총으로 채우소서

오직
주님께 영광 돌리게
감사하며 살아가게

2022(壬寅)년, 晚春

어머니

천 번을 불러도
만 번을 불러도
부르고 또 부르고픈
우리 어머니

평생을 자식 걱정
모든 것을 다 주고도

심지어
당신의 하나뿐인
생명을 주고도
날마다 노심초사
자식 걱정

이 죄인은
입이 천 개 만 개인들
무슨 말하리요

어머니 우리 어머니
보고 싶은 우리 어머니

지금은 볼 수 없어도
살아 있는 동안
내 가슴에서 숨 쉬는
영원한 노스탤지어

어머니
오늘따라
당신이 보고 싶습니다

주신 말씀 기억하며
보람있게 살겠습니다
열심히 살겠습니다
편히 쉬소서

2022(壬寅)년, 立夏

기도 2

주여

여기 모인 우리들
허물과 죄로 죽은 자들

십자가의 보혈로
값없이 구원받은
사랑에 빚진 자들

은혜 아니면
살아갈 수 없는 자들

주여

하오나 이런저런 일로
삶에 지친 우리
메마른 영혼들에게

각각의 소원 따라서
순도 100%의
하늘 이슬 같은 은총
소낙비처럼 부어 주소서

날마다
하늘의 만나와
메추라기와 생수로
우리 먹여 주소서

2022(壬寅), 立夏

기도3

주여
만세전에 예비하신
복된 주일 아침

말씀대로 순종하며 살기를
다짐 또 다짐하며
살아온 한 주

하지만 돌아보니
주님은 어디에도 없고
내 맘대로 살아온 시간들

이렇게
부끄러움을 무릅쓰고
염치없이
당신께 엎드렸습니다

하늘을 바라보며
마음을 새롭게
날마다 말씀을 통해
영혼을 일깨워도

사는 것이 무엇인지
모든 것은 뜻과 달리
언제나 제자리에

하오나 주여
이 죄인 두 손 들고
힘차게 다시 일어나

구원에 감사하며
세상의 빛으로 소금으로
하늘 능력 주소서
크신 은총 주소서

2022(壬寅)년, 中伏

산행

바람이 좋다
실록이 좋다
사람이 좋다

실로 오랜만에
함께하는 산행
그리움은 환희로

언젠가
산마루에 올라
야호 야호
천하를 호령하던 청춘

하지만
세월에
둘레길 돌아갈 때
한숨짓는 모습들

그래도
오늘은 행복 만점
함께하여 좋은 날

복된 하루
주님의 은총 넘치소서

2022(壬寅), 小滿

꽃꽂이 은총

여기저기 흩어져 있던
아름다운 꽃들

꺾어서 정성들여 만든
향기 가득한 정원
세상에서 가장 작은
예쁜 에덴으로

대부분은
아는 듯 모르는 듯
무심코 지나치는
꽃들의 정체

언젠가 시인 김춘수는
각각의 이름을 불렀더니
꽃들이 그에게 다가와서
반갑게 미소를 지었다네

주님께서 예비하신
복된 주일
소망이 가득한 아침

여기 모인 우리들
비록 생긴 모습은 달라도
마음 모아 정성 모아
한 송이 샤론의 장미로
주의 전에 올리나니

주여 우리 기억하셔서
이슬 같은
하늘 은총 내려 주소서
넘치도록 부어 주소서
우리 모두 행복하게

2022(壬寅), 小滿

꽃꽂이 예찬

천하일색의
향기로운 미소에
벌과 나비 날아들고

보는 이들에게
기쁨 가득히
행복 가득히

하지만
화무십일홍으로
잠시 후 사라질
회색빛 슬픈 존재

그래도
첫사랑으로
내 가슴에 피소서
내 영혼에 피소서

영원토록!

2022(壬寅)년, 夏至

6·25 단상

누가
이토록 처참한
전쟁을 일으켰는가

누가
이렇게 큰 상처를
역사에 남겼는가

아 휴전선아 말해다오
아 38선아 말해다오

지금
지구촌 한 편(러-우)에서
이스라엘-하마스 간에
벌어지고 있는 참극으로
아비규환

얼마나 많은 사람이
고통 중에 탄식 속에
죽어 가고 있는가

하지만
지구상의 전쟁은 잠시
일부일 뿐

장차 도래할 아마겟돈
모든 인류, 그 누구도
피할 수 없는
운명적 순간으로

주여
사랑하는 우리 주여
우리 기억하셔서
우리 살려 주소서
이 땅 평화 주소서

2022(壬寅)년, 6·25 72주년에 부쳐

절정 1

잠시
아름답게 피었다

꺾이어
아궁이에 들어가는
순간까지

미소 가득히
향기 가득히

그 누가
그대 향한 나의 마음
알리오마는

나의 미소와 향기는
초지일관
일편단심 진심으로

행복이기를
은총이기를

2022(壬寅)년, 7월 첫 주

절정 2

잠시
섬광처럼 피었다
사라져

어둠 속에
한 줌의 재가 되어도

평화 가득히
희망 가득히

그 누가
그대의 올곧은 진심
알리오마는

그대의
뜨거운 눈물은

초지일관
일편단심 불꽃으로
독야청청하여
명경지수로

2022(壬寅)년, 맥추감사절에

일본 수상 아베의 서거

1954년 9월 21일 도쿄도 출생
2022년 7월 8일
나라현 나라시 유세 현장

오전 11시 30분 경
뜻밖의 산탄총에 저격
오후 5시. 67세로 사망

일본 우익의 상징이자
전후 최장수 총리

생전에 그렇게
반대 여론에도 불구하고
평화 헌법을 개정하며
극렬히 전쟁을 도모하던 사람

한때 아베 노믹스로
세계적으로 주목받던 사람

하지만
모든 것은 일장춘몽

삶과 죽음은 종이 한 장 차이
우리 주님, 칼을 쓰는 사람은
칼로 망한다 했거늘
꿈을 이루지 못한 채
불귀의 객이 되었네

이제 위안부와 강제징용
특별히 한일 관계
향후 독도는 어떻게 될런지

주여
러시아-우크라
이스라엘-하마스 전쟁 끝내시고
이 땅 평화 주소서
속히 당신의 나라 임하소서

2022(壬寅), 小暑

아베의 길

1954년 9월 향년 67세
정치입문 30년
전후 최장수 일본 총리

아직 창창한 연치에도
정든 총리 관저 떠나
화장장으로 가는
그의 마지막 여정

많은 조문객의
아쉬움 속에
말이 없는 운구차

남은 것은 한 줌의 재
역사의 수레바퀴는
바퀴 타고 구르네

생전에 그렇게
오직 자신의 야망을 위해
좌충우돌
동분서주
종횡무진
과연 권력이란 무엇인가

주여
오늘 하루 복된 하루
당신의 뜻 새기며
빛이게 하소서
소금이게 하소서

2022(壬寅)년, 夏至

100배의 은총으로
-교회 설립 1주년에 부쳐-

코로나19와 오미크론으로
모두가 힘들었던 시절

주님의 은혜를 사모하는
당신의 백성들
뜻을 모아 한자리에
예수사랑교회로

시작은 미약했으나
이렇게 우리들
분에 넘치는 은총으로
100배의 축복을

주여
우리 가는 길에
광야 길의 이스라엘처럼
낮에는 구름기둥으로
밤에는 불기둥으로

무슨 일 만날지
잘 알지 못해도
도움은 위로부터 임하나니
모든 것 내려놓고

오직 하늘만 바라보며
전진하게 하소서
당신의 뜻 이룰 수 있게
우리 축복하소서

2022(壬寅)년, 8월 1주년

입추 단상

아 가을인가
아 가을인가봐

그렇게도 무덥더니
조석으로는
선선한 바람

누구도 막을 수 없는
계절의 순환

주여
살아오면서
수만 번의 다짐 또 다짐

순탄한듯
험란했던 한 해
베푸신 은총
어떻게 말씀하리요

모든 것은
감사요 은혜일뿐

주여
복된 주일 아침
하늘 축복 주소서
하늘 은총 주소서

2022(壬寅)년, 光復節에

가을 산책

가을 바람
가을 들녘

온 누리는
국화에 코스모스로
가을 향기 가득히

어딘들 그 무엇인들
곱고 아름답지 않은지
탄성이 절로 절로

우리 함께
어디론가
꽃따라 향기 따라서

주여
우리 마음 감사 가득히
이 가을의 신부로

꽃 되게 하소서
향기 되게 하소서

2022(壬寅)년, 立秋

광복 77주년, 세계 속에 우뚝 서기를
-2022년 8월 15일, 대한민국의 심장 광화문 이승만 광장-

반 만년 역사 속에 빛나는
동방에 고요한 아침의 나라 대한민국

1910년 10월, 강제합병으로 인한
일제 36년의 압제와 유린
땅과 국민, 주권을 빼앗긴
처참한 조국의 현실

1945년 8월 15일의 광복
2022년 8월 15일, 77년의 세월
그간에 이룩한 민족의 단결
자유 대한의 놀라운 번영과 발전

하지만 우리들
그토록 참혹했던 비운의 역사
어떻게 그 고통과 상처를 잊을까

이렇듯
주님의 크신 은총으로
맞이한 민족 독립의 감격

그날 우리들
남녀노소 빈부귀천할 것 없이
태극기 손에 들고
도시와 시골, 거리마다

그것은 눈물이었습니다
그것은 감격이었습니다
그것은 굳은 결의였습니다

2022년 8월 15일, 월요일
대한민국의 심장 광화문 이승만 광장
광복 77주년 기념식 현장
열화와 같은 외침과 함성

대한독립 만세
대한독립 만세

이제 우리 국민 모두
한뜻으로 힘차게 일어서서
나라를 다시 세우는 심정으로

오직 예수 오직 복음으로
예수 한국과 자유통일을 위하여
하나님 앞과 민족의 내일을 향하여
세계 속에 우뚝 서기를!

2022(壬寅)년, 光復 77주년에 부쳐

처서 단상

가을비
주룩주룩 내리는 날
우산도 없이
건너편 공원을 거닌다

문득
벤치에 홀로 앉아서
지나온 날들을 회상한다

나는 어디서 왔는가
어디까지 와서
지금 어디로 가는가

그렇게 무덥던 더위도
설악산 울산 바위 넘으면서
귀뚜라미 우는 소리
가을의 문턱에서 진동하고

금년 한 해
나는 무엇을 했는지

주여
이렇듯 바람같은 세월은
강물 따라 흐르는데

이제 우리는
어디로 가야는지

인도하여 주소서
말씀하여 주소서

2022(壬寅)년 處暑

추석 단상

민족 명절 8월 한가위

지난 3년 동안
뜻밖에 코로나19와
변이 오미크론

설상가상
엊그제 역대급 힌남노 태풍

여기저기서
쏟아지는 탄식으로
여전히 숨 막히는
많은 어려움 속에서도

이것저것 준비한 선물
바리바리 손에 들고
고향을 찾는 이웃들

8월 한가위 민족 명절에
마음만은 여유로움으로
모든 근심 걱정 내려놓고

주여
당신이 주신 풍성한 열매
열두 광주리 가득히
감사 100배, 1,000배로

모두에게 하늘 은총 주소서
주의 사랑 주소서

2022(壬寅)년, 仲秋節

운무송

흰 구름
두둥실 두리둥실
바람 따라 떠가는
하늘 나그네여

어디서 와서
어디로 가는지 잘 몰라도

그대는 정말
세월을 잊은 듯이
떴다 지고
졌다가 다시 뜨고

이렇듯 그대는
천하의 세상모르는
한가로운 여행자로고

하지만
그대는 지구촌의
수많은 사람에게
각각의 희로애락을

운무, 정처 없이
하늘을 떠도는 방랑자여

오늘도
수많은 추억을 남기고
두둥실 두리둥실
어디로 가는지

우리에게 말해 주오
인생을 말해 주오

2022(壬寅)년, 白露

가을 은총

황금벌판
천고마비의 계절

어디를 가든지
무엇을 보든지
마음은 풍성함으로

주님이 창조하신
아름다운 세상
누가 가르치지 않아도
누가 간섭하지 않아도

하늘 보며 미소 짓고
나를 보며 손짓하네

말로 할 수 없는
이 계절의 크신 은총
누구를 위한 것인지
누가 누릴 수 있는지

주여
당신께 감사드리게
내 마음 하늘 주소서
초록빛 바다 주소서

2022(壬寅)년 秋分

4부
가을꽃 당신

아사셀 양

향방을 알 수 없는
거친 바람 몰아치는
황량한 사막

수많은 무리 중에서
어쩌다 선택받아
슬픈 운명이 되었는가

하지만 님이여
눈물을 삼킨 채
하늘 보고 웃음 지소서

가는 길 끝없고
도울 자 없어
가슴이 무너져도

작열하는 햇살에
이슬처럼 사라져도
감사와 찬양이소서

님의 두 어깨에 둘린 멍에
하나님의 뜻으로
이름 없는 피 흘림이어도
죽음이어도
모두의 소망이려니

님이여
천만인의 사랑이소서
하늘의 크신 은총이소서

2022(壬寅)년, 秋分

10월 10일 광화문 애국 대회
-예수 한국 복음 통일 광화문 집회에 부쳐-

온 사방은
오색 빛 황금 물결로

10월 9일 한글날
10일 월요일 연휴

기상청의 일기 예보
구름 낀 하늘에
남쪽에서 불어오는
태풍에 온종일 비

하지만
예보에도 불구하고
광화문 애국 집회
이승만 광장에서 시청까지

미국의 성조기와
태극기를 손에 든
애국 시민 수십만의 인파

오직 예수 한국
복음 통일 위한 함성으로
모두가 한맘으로

주여
1950년 6·25 전후 72년
삼천리 반도 금수강산
이 땅 지켜 주소서
이 땅 평화 주소서

2022(壬寅)년, 晩秋

가을꽃 당신

가을 하늘, 가을 들녘은
꽃들의 향연

여기저기
국화꽃 코스모스
흐드러지게 핀
꽃들의 천국

수많은 꽃 중에서
어떤 꽃이 가장 예쁜지

너나없이 경쟁하듯이
모두가 곱고 예쁜 자태로
환한 미소를

하지만
이 계절에 꽃 중의 꽃은
바로 인간 꽃 당신

1년 사계절, 춘하추동
낮이나 밤이나
언제 어디서나
해 뜨고 비바람에 눈 내려도
희로애락으로

항상 건강하기를
항상 행복하기를

2022(壬寅)년, 晩秋

눈물방울

가을비
한 방울 한 방울
황금빛 낙엽 타고 흐르는
은빛 물방울

수많은 사연을 안고
땅속 수만리 길
지구촌을 돌고 돌아
생명의 동력으로

문득
볼 타고 흐르는 눈물
무슨 사연 있는지
보기에는
심히 작은 물방울

하지만
심장에 고인 눈물
무개는 천근만근
인생의 애환으로

비록 볼 수 없어도
말할 수 없어도
심장에 새겨진 흔적은
감사의 열매

주님의 크신 은총
100배 넘치소서

2022(壬寅)년, 晩秋

인생 단상

언젠가
더디 가는 세월에 맞서
검은 교복, 나팔바지에
구겨진 모자 창
삐딱하게 쓴 채

사나운 눈매에
두 주먹을 불끈 쥐고
극장과 거리를 활보하며
천하를 호령했었지

하지만
어느 날 문득 황혼길
무심한 세월에
쏟아지는 한숨과 탄식

사실 지금까지
낮밤없이 동분서주
젊음을 불태우며
앞만 보고 달려왔건만
얻은 것은 무엇인지

잠시 돌아보니
별것도 아닌 것을

무엇에 홀린 듯이
그렇게 쫓기듯 살았는지
아쉬움에 허전한 마음

주여
오늘 하루도 천년처럼
나에게 주어진 날들을
손꼽아 계수하며

지혜롭게 하소서
사랑하게 하소서

2022(壬寅)년, 晚秋

무제

조석으로는 찬바람에
제법 쌀쌀한 날씨
일어나 평소처럼
하루를 계획한다

언제 어디서
누구를 만나
무엇을 할 것인지

이렇듯 항상
태양을 바라보며
좋은 일을 꿈꾸지만

웃음보다는
뜻하지 않은 일들로
넘어져 쓰러지고
아프고 병들어
잠 못 이루고

주님께서 모든 염려
맡기라 하셨어도
무슨 일로 가슴에는
수심이 한 광주리

주여
죄인 불쌍히 여기소서
우리 살펴 주소서

2022(壬寅), 晚秋

사노라면

사노라면
인생사 기쁘고
즐거운 일 있으련만

하루에도 수천 번씩
때로는 원치 않는
슬픔에 눈물짓는 일
피할 수 없으려니

10월 29일 오후 10시
모두가 꿈꾼 대축제

뜻밖의 참사로
차갑게 죽음이 된 청춘들
사랑스런 우리의 이웃들

사랑하는 가족에게
연인과 친구에게
작별 인사도 하지 못한 채
돌아선 발길

참사 앞에 망연자실
가슴에는 눈물 가득
그 눈물 강을 이루네

주여
떠난 이는 떠난 대로
남은 자는 남은 대로

이제 우리 어찌해야는지
말씀하여 주소서
긍휼을 베푸소서

당신의 뜻
깊이 헤아릴 수 있게

2022(壬寅)년, 晩秋

입동

거리마다
황금빛 낙엽들
온몸을 드러낸 채

엊그제의
푸른 꿈을 접고
가는 세월이 아쉬운 듯이
눈물 속에 몸부림치네

오늘은
겨울로 가는 입동

아직
내 가슴에는
가을의 낭만 가득하건만
회포를 풀 여유도 없이
벌거벗은 나목으로

이렇게
또 한 해는 저무는가

아 세월의 덧없음이여
아 인생의 아쉬움이여

하지만
나는 언제나
님으로 행복합니다
님으로 감사합니다

복된 하루
주님의 은총 넘치소서

2022(任寅)년, 立冬

이태원 참사 단상
-주여, 우리 살펴 주소서-

깊어 가는 가을밤 주말
10월의 마지막 날

이태원 거리에는
사람들로 인산인해
모두가 하나같이
꿈꾸던 별들의 밤

갑자기 어디선가
들려오는 누군가의 외침
밀고 밀리는
주체할 수 없는 압력에

오도 가도 못한 채
어떤 이는 선 채로
또 다른 이는 누운 채로
아비규환으로

이렇듯 허무하게
기대와 소망 사라지고
남은 것은 씻지 못할 상처로
국가적 재난으로

주여
하늘은 아버지의 것으로
땅은 우리에게 주셨사오니

이제 우리들 사는 동안
남은 날을 계수하며
오직 주만 바라보게 하소서
우리 살펴 주소서

2022(壬寅)년, 初冬

추수감사절에 부쳐 2

기대 속에 시작한
2021년 신축년 한 해, 365일

코로나의 위협과 도전 속에서
산과 들에 오곡백과
비바람 천둥에도 미소 지으며
알알이 열두 광주리

그 어간에
벌써 계절은 한 해 끝자락으로
원망과 불평 속에
송구한 마음뿐

땀 흘리며 열심히 살아왔어도
기억에는 별로 한 것 없고
잠시 돌아보니
분에 넘치는 하나님의 은혜

주여!
우리에게 주어진 시간
더욱 큰 사랑으로
100배의 감사이게 하소서

마음과 뜻, 온 정성 모아
당신의 온전한 제물로
헌신이게 하소서
충성이게 하소서

2021(辛丑), 立冬

추수감사절에 부쳐3

2022년 임인년 한 해
주님께서 허락하신
소망의 한 해

기대 속에
푸른 창공을 바라보니
해 아래 모든 것이
새삼 새롭거늘

소망 중에
예비하신 축복 헤아리며
다짐에 다짐으로
소명에 충실하기를

문득
강물 따라 흐르는 세월 속에
맞이한 추수감사절
올해는 뭔가 다르기를

하지만
가슴에는 아쉬움이 가득
어떻게 무슨 말로
변명해야 하올런지

매년 이렇게 반복적으로
지내 온 시간들
가슴은 철렁, 천근만근
송구함에 숨이 막히네

그래도
모든 것은 에벤에셀의
임마누엘의 은총에
여호와 이레로

주여
죄인 용서하소서
하늘 자비 베푸소서
당신의 소명에 응답하게

2022(壬寅)년, 秋收 感謝節에

추수감사절에 부쳐 4

나는 나는
팔삭둥이 어린아이
정말 만년 애 어린이

기분이 좋을 때는
하늘을 나는 광대처럼
뛸 듯이 좋아하고

돌아서면
모든 것 망각한 채
입은 천 리나 튀어나오고

긴긴 세월에도
도대체 알 수 없는
철부지 이내 몸의 심사

사실 지금까지
받고 누린 것 얼마인지
천만 배의 축복으로

이제는 원망과 불평
네 탓 내 탓하지 않고
감사하며 베풀며 살 것을

오늘 하루 복된 하루
주님의 크신 은총
100배 1,000배 임하기를!

2022(壬寅)년, 小雪

바람의 고향

어디서 왔다가
어디로 가는지
알 수 없는 그대는

계절 따라 하늘 나는
천의 얼굴에
천만인의 가슴으로

뭇사람을
울고 웃기는
운명의 마술사로

간혹 무심한 세월에
붙잡고 싶어도
님 따라 흐르는 인생
그 누가 막을쏜가

그 옛날 선지자 모세는
인생 70에
강건하면 80이라 했던가

돌아보니
수많은 위기의 순간
어떻게 살아왔는지
넘치는 감사 100배로

주여
바람 같은 인생, 가는 길
오직 주만
바라보게 하소서
주 따르게 하소서

2022(壬寅)년, 初冬

주 오신 날: 왕의 강림

2022년 12월 3, 6일 현재
한 해 끝자락

지구촌은
제25회 카타르 월드컵으로
창설 92년 이래
최초의 동계 대전에 열광하며
온밤을 지세우고

포르투갈 2:1 역전승
브라질 4:1 완패
승패를 따라서
천국과 지옥을 오가는 바

이렇듯 월드컵은
진정 누구를 위한 축제인지
일장춘몽이 아니기를

공교롭게도 4주 후
이달 25일(주)은 약속된 구원자
예수 그리스도의 탄생일

2,000년 전
온 땅 어둠에 잠들었을 때
인류의 소망을 위하여
문득 하늘에 뜬 큰 별 하나

하늘에는 영광이
땅에는 평화 가득히

주여
하늘의 천사들처럼
동방의 박사들처럼
들에서 양치던 목자들처럼

참된 기쁨과 감사로
주 오심 송축하게 하소서
찬양하게 하소서

2022(壬寅)년, 世暮

월드컵 단상1

2022년 11월 20일(일)부터
12월 18일(일)까지 28일 동안
매 4년마다 열리는
세계인의 스포츠 축제
제22회 카타르 월드컵 경기

A-H조 8개조 4팀
대륙을 대표한 총 32개 팀은
각국의 명예를 위하여
경기장과 밖에 운집한
수십 억의 관중 앞에서

심판의 호루라기와 함께
잘 정돈된 그라운드를
종횡무진, 온몸을 날리며
젊음을 불태우지만
결과는 누구도 알 수 없는 것

하지만
열광하는 관중 앞에서
어느 팀이든 골망을 흔들 때
승패로

어떤 이는 순식간에 영웅이 되고
때로는 원치 않게 역적이 되고

이렇듯
지금 전 세계는
작은 공 하나에 일희일비하며
천국과 지옥을 오가는데

주여
월드컵의 열기 속에서
우리들이 보고 간직해야 할 교훈
일상의 축제는
당신께서 영원 전에 계획하신
당신의 나라에서 누릴
새 예루살렘, 어린양의 축제로

창조주 여호와 하나님
영원토록 당신이게 하소서
당신만의 영광이게 하소서

2022(壬寅)년, 小雪

월드컵 단상2

2022년 12월 3일 밤 12시
제25회 카타르 월드컵
한국과 포르투갈의
16강 진출을 위한 마지막 경기

도하 현장은 물론
광화문 광장의 승리를 열망하는
몰려온 수많은 애국 시민

2002년 한일 월드컵을 재현하듯이
모두가 한맘으로
오 필승 코리아, 대-한민국
천지를 진동하는 환호성

심판의 호루라기와 함께
시작된 일진일퇴, 필사의 경기
갑자기 골을 잃어 망연자실

하지만
태극 전사들의 빛나는 투지와
승리에 대한 열정

온 국민의 염원 하늘에 응답되어
곧 바로 1:1 동점

마침내, 6분 추가 시간에
대표팀 주장 손흥민 선수의
70미터 단독 드리블과
황희찬 선수의 역전 골
상대팀 포르투갈 골망을 흔들며
16강 진출

실로 모두가 경악할 환희의 순간
지구촌의 시선은 대한민국으로
이제 16강 브라질을 넘어 8강으로
함께하는 모두의 축제로

이렇듯 전 세계인이 환호하는
매 4년마다 열리는 월드컵 경기
밤잠을 설치며
작은 공 하나에 열광하는데

주여 간구하오니
월드컵을 통해서 주시는 당신의 교훈
진정한 승리는 무엇이며
축제는 무엇인지

약속대로 속히 오셔서
천상에서 펼치실 새 예루살렘
어린양의 축제
우리 가르쳐 주소서
우리 열망하게 하소서

2022(壬寅)년, 大雪

월드컵 단상3

제25회 카타르 월드컵

방금 조별 경기를 끝내고
각 팀마다
16강에서 8강 진출을 위한
혼신의 야간 경기를

이 시각 도하와 광화문처럼
경기장 안팎에는
용광로처럼 타오르는
환호성으로

하지만
순식간에 사라지는
허무한 잿빛 그림자들

때때로 필요하지만
도대체 우리는 언제까지
어느 장단에 맞추어
이러한 놀이를 해야는지

주여
여기 모인 우리들

비록 잠시 이 세상에 살아도
영원히 쇠하지 않는
하늘 꿈 순례자로

어떤 도전도 이겨내는
당신의 피로 값 주고 사신
자녀이게 하소서
백성이게 하소서

2022(壬寅)년, 世暮

월드컵 단상4

타올라라
타올라라
훨훨 타올라라
불꽃처럼 타올라라

타올라서
타올라서
인간의 끝없는 욕망의
바벨탑을 불태워라

그렇지 않아도
죄악으로 오염된 세상
그 어디라도
희망 보이지 않고

날이면 날마다
시기와 질투
원망과 불평
탐욕과 살상 끝이 없나니

언젠가
죄악이 관영하던 때
하늘의 탄식으로
홍수를 내리셨거늘

주여
하오나 마지막 때
우리들이 쌓아 올린 바벨탑
모든 허물을
성령의 강한 불로 태우시고

이 땅을
새 하늘과 새 땅 되게
긍휼을 베푸소서
하늘 평화 주소서

2022(壬寅)년, 大雪

有終의 美

2022년 壬寅年
1월 1일 새해
크신 은총과 소망
하늘 꿈 가득히

주님의 경륜 속에
계절 따라 달이 바뀌고
날이 가면서
맞이한 12월 세모

지금까지 수많은 날
정말 열심히
앞만 보고 달려온 길

아직 좀 더 가야지만
저만치 정상에서
뒤돌아보니
무겁게 짓눌리는 가슴

삶은 무엇이며
또한 소명은 무엇인지

12월 세모
하늘 보좌 버리시고
이 땅 오신 주

지금까지
부족한 종에게 베푸신
분에 넘치는 은총
어떻게 갚아야 할런지

주여
가는 길 살펴 주소서
하늘 은총 주소서

2022(壬寅)년, 冬至

동지 팥죽1

매년 맞는 동지
나이 한 살 더 먹는 날

어릴 적 철부지 시절
뭔지도 잘 모르면서
천방지축
그렇게 좋아했었지

진 적색의
팥죽에 깊이 잠긴
눈깔사탕 크기로
잘 빚어진 하얀 새알

온 식구가
밥상 머리에 둘러앉아
한 알 두 알
건져 먹을 때

부드럽게
입 안에서 씹히던
쫄깃한 그 맛

나이 들어
숟가락을 두 손에 잡으니
왠지 기분이
예전 같지 않고
무거운 마음

앞으로 사는 날
얼마나 입에 넣을지
잘은 몰라도

팥죽은
그대와 나의
인생의 철학이 깃든
추억 속의 나이테

2022(壬寅)년, 歲暮

크리스마스 단상

님이 오셨습니다
모두가 그렇게
기다리며 사모하던 님이

하늘 보좌 버리시고
구유에 오셨습니다
영광 중에 오셨습니다

님이 오신 날
온 세상은 적막 속에
깊이 잠들었는데

빛으로 오신 주여
인류의 소망이신 주여

지금까지 우리는
어리석은 양처럼
각기 제 길로 왔거늘
이제 어디로 가야는지
말씀하여 주소서

잊을 것은 잊고
버릴 것은 버리고

당신 가신 길 따라서
고난의 십자가
비아 돌로로사로
소명 이루게 하소서

주여
복된 성탄
하늘 영광 받으시고
우리 축복하소서

2022(壬寅)년, 聖誕

송년 유감1

옛사람들은 인생을
바람이라 했던가
구름이라 했던가

지혜의 왕 솔로몬은
모든 것은
헛되고 헛되다 했거늘

2022년 임인년 한 해
전혀 예기치 못한
수많은 사고와 사건들

실로
긴박했던 순간들

하지만
모든 것은 이렇게
역사 속에 묻어야는지

한 번 가면
다시 올 수 없는 길

주여
해 아래 초로 인생
남은 날 헤아리며

주 따르게 하소서
하늘 보게 하소서

2022(壬寅)년, 歲暮

송년 유감2

2022년 임인년 한 해

연초, 정글의 왕
호랑이의 기개로
천하를 포효하던 모습은
어디에 있는지

세월이 간다
바람이 간다

언젠가
우리들의 청운의 꿈
그 꿈은 지금 어디에 있는지
아쉬움을 남긴 채

청춘이 간다
인생이 간다

하지만
무정한 세월 속에
어찌할 수 없는 나그네

한 해 끝자락
날씨는 엄동설한
남은 날 동안
무엇을 해야는지

주여
탄식하는 우리 영혼에
은총을 베푸소서
우리 기억하소서

2022(壬寅)년, 歲暮

12월 31일

마지막 한 장 남은
2022년 달력

바람에 몸부림치던
마지막 잎새처럼
넘겨야 할지 두어야 할지

보기 안타까워도
한편 설레는 가슴

잠시 후 제야의 종소리
파문을 일으킬 때
눈물을 머금고
역사 속에 묻어야 노니

그래도
나는 그대로
존재의 이유를 알았거늘

가거라 미련 없이
역사의 뒤안길로
동녘 햇살처럼 타오르는
예비된 소망을 위하여

멀리멀리
재 넘고 바다 건너서

2022(壬寅)년 마지막 날

달의 노래 별의 노래 1

역사상 유례가 없는
변화 무쌍한 삶의 현장
그대 없는 현실
무슨 재미로 살까

외롭고 쓸쓸한 때
힘들고 어려울 때
친구가 된 그대여
사랑이 된 그대여

아무도 반기는 이 없어도
언제나 나를 보고
미소 짓는 그대여
불타는 심장의 촛불이여

끝없는 만남과 이별
생사의 고비에서
이는 분명 희로애락의
철학적 실존으로

영원토록 빛나는
저 하늘의 달과 별로
부르다가 죽을
내 영혼의 숨결이소서

2024(甲辰)년, 春5月

독수리 비상

비가 오나 눈이 오나
바람이 부나

하늘은 그대의 이상
땅은 그대의 가슴

그대 가는 곳은
언제 어디라도
그대의 드넓은 성지

감히 그 누구도
범접할 수 없는 날갯짓은
운명의 몸부림

이는 실로
한순간도 놓일 수 없는
전설의 경지

하여 그대 이름은
천하무적의 독존

2024(甲辰)년, 춘오월

갈멜산 단상

태우소서 태우소서
불로 태우소서

임하소서 임하소서
영광 임하소서

하여
이 땅의 모든 불의
온갖 우상 도말하소서

어쩌면 이 세상은
시날 평지의 바벨탑으로

온갖 교만과 시기와 질투
가히 목불인견
더 이상 소망 보이지 않고
탄식과 절망뿐

주여
태우소서 태우소서
불로 태우소서
불로 불로 태우소서

임하소서 임하소서
영광 임하소서
영광 영광 임하소서

2024(甲辰)년, 6月

로뎀나무 아래서

삶의 고비마다
거친 광야 길에
산 넘어 산

아직도
넘어야 할 험산준령
응답은 지체되고
목숨은 풍전등화로

하여
선택한 피난처 로뎀나무
그곳은 원망과 불평의 현장으로
차라리 죽었으면

이것은 곧
너와 나의 모습으로
마지막이 아니기를

맡은 자에게 구할 것은
오직 충성으로
소명에 감사할 뿐
은총에 감사할 뿐

주여
우리에게 크신 능력 주소서
하늘 축복 이소서

2024(甲辰)년, 춘오월

6월 단상

여름으로 가는 길목
작열하는 햇살 아래
실록은 깊어 가고
우리들의 꿈도 깊어 가고

하지만
자유 민주 평화를 위한
국민적 투쟁의 노력에도
한숨과 탄식뿐

1946년 6·3 정읍 선언 이후
1950년 6·25 동란
1988년 6·29 선언
이렇듯 6월은 호국의 달

국가 수립기에 맞은
뜻밖의 전쟁과
민주화의 혼란
이런저런 상처로 얼룩진 달

어느 나라와 민족인들
어찌 어려움이 없으련만

모든 난관을 극복하고
이룩한 오늘의 대한민국

세계는 우리를 주목하건만
끝없는 이념적 도전에
나라는 백척간두
애국 시민들의 통곡으로

나라다운 나라를 위하여
우리는 다시
이승만의 4대 건국이념과
박정희의 부국강병으로
새롭게 도약해야 할 것을

주여
예수한국 복음통일 주소서
대한민국 인도하여 주소서

2024(甲辰)년, 6月

신문 단상

문 앞에 배달된 정보지
반갑게 손에 들고
펼치자마자
한눈에 들어오는 일상

1면 2면 3면 그리고 사설
대충 내용을 살펴보니
한마디로 혼란 그 자체
이판사판 개판

도대체 세상이
언제부터 이렇게 되었는지
흔히 말하듯이
종말이 도래한 것인지

매일 퇴색한 정보를
홍수처럼 쏟아내는 신문
건질 것 하나 없이
온갖 거짓과 술수, 음모뿐

하지만 그것은 고질적인
전 인류의 죄악된 상태

부패한 영혼의 실상으로
백약이 무효라

주여
오늘 하루 복된 하루
죄인들을 불쌍히 여기소서
자비를 베풀어 주소서

2024(甲辰)년, 6月

에벤에셀

지금까지
어떻게 살아왔는지

한때는 어둠 속에서
헤메고 방황하며
천방지축 살아왔어도

탕자처럼
세상의 열락에 취해
내 맘대로 살아왔어도

발길마다 걸음마다
모든 것이 은총이었네
모든 것이 축복이었네

받은 바 크신 사랑
분에 넘치는 긍휼
어떻게 감사해야 할지

여기까지 인도하신 주님
하늘 보며 땅을 보며
오늘도 꿈꾸며 살아가네

주여 함께하소서
주여 응답하소서

2024(甲辰)년, 6月

은총에 빚진 자 되어
-2022년 6월 19일, 사랑제일교회 임직 예배에 부쳐-

I
이 세상에 태어나
오가는 수많은 사람 중에서

만세전에 예정하여
탕자 같은 나에게 값없이 베푸신
하늘의 크신 은총

인자는 누구이며
사람은 무엇이지

2,000년 전 유대 땅
백주 대낮 골고다 언덕의
비아 돌로로사

천지진동하는
십자가의 외침과 절규

엘리 엘리 라마 사박다니
나의 하나님
나의 하나님

어찌하여 나를 버리시나이까

허물과 죄로 죽은 죄인 위하여
물과 피 쏟아 이루신 구원

주여, 어떻게 무엇으로
그 사랑에 보답해야 하올는지
가슴은 천근만근으로

II
어차피 한 번뿐인 삶
잠시 왔다 가는 인생
해 아래 삶은 내 것이 아닌 것을

소명은 무엇이며
은혜는 무엇인지

죄인에게 베푸신 사랑과 용서
측량할 길 없는 자비와 긍휼

오늘 이렇게
천사도 흠모할
존귀한 직분자로 세워 주셨으니

오 주님
사랑하는 나의 주님

주신 사명에 빚진 자 되어
이렇게 두 손 들고
떨리는 가슴, 영혼에 불을 놓아
감사의 눈물 올리나니

말씀 충만 성령 충만 은혜 충만으로
예수 한국 자유통일 위하여

당신의 영적 군사로
흠 없는 정결한 신부로

주 오시는 그날까지
향기 되게 하소서
제물 되게 하소서

2022(壬寅)년, 任職式 에 부쳐

오직 예수를 노래한 님이여
-고 主韓 강일구 목사 영전에 부쳐-

충남 대전 출생으로
대전고와 중앙대
총신대학교 신학대학원 졸업

남서울 노회 목사 안수 후
평생을 북방 선교사로
향년 77세

자나 깨나 나라 사랑
노심초사 총회와 학교 사랑
영혼 구원을 외친 님이여

언제나 컬컬한 목소리로
앉으나 서나 기도하고
누구 듣든지 아니 듣든지
오직 예수 한국을 외치며
반갑게 맞아 주더니

오늘은 어인 일로
100세 시대 한창 일할 나이에
영전에 말없이 웃음 짓는지
멍한 가슴, 눈물이 앞을 가리네

잠시 돌아보니
주한과 함께한 30년의 세월
형님같이 동생같이
나보다 나를 더 사랑하듯이
챙겨 주고 살피고

이렇듯 나는 주한에게
베푼 것 없이 빚만 가득히
울고 웃다 보낸 시간
앞으로 나라와 총회와 학교는
어찌해야는지

오호 애재라
오호 통재라

하지만 님이여
어차피 한 번 왔다 가는 인생
누구도 피할 수 없는 길

우리 다시 만날 때까지
모든 고통 잊고 편히 쉬소서
아브라함 품에 안식하소서

2023(癸卯)년 3월 4일

어머니 영전에

어머니
사랑하는 나의 어머니

그렇게 다정하게
항상 웃음 지으며
반갑게 맞아 주시던 모습은
보이지 않고

오늘은 어인 일로
꽃 속의 꽃들로
예쁜 꽃들에 둘러쌓여
꽃 중의 꽃이 되었는지요

불러도 불러도 대답 없이
미소만 지으시는지요

어머니
사랑하는 나의 어머니

불효자식 잠시 돌아보니
태어나서 93년의 성상
한숨과 눈물의 세월

애지중지 키우신
자식들의 보살핌도
제대로 한 번 받지 못하시고

오직 주님 의지하며
소망 중에 믿음으로
살아오신 여정

어머니
사랑하는 나의 어머니
불효자식 용서하소서

우리 다시 만날 때까지
주 예비하신 천국에서
편히 쉬소서

2021(辛丑)년, 10월 27일

어머니 정복순 권사님 입관에 부쳐

어머니
사랑하는 나의 어머니
정복순 권사님

오늘은 평소와 달리
어디로 먼 길을 가시는지
아무 말씀도 없으신 채

신부 단장을 위하여
아침 일찍 일어나셔서
꼼꼼히 세수하시고
곱게 머리를 빗으시네

코와 귀를 닦고
눈화장에 붉은 입술로
춘향이 연지 곤지
양 볼에 분 바르시고

만족하신듯이
예쁜 한복 차려 입으시고
꽃 중의 꽃으로
살며시 미소를 지으시네

어머니
사랑하는 나의 어머니
정복순 권사님

이제 떠나시면
이 땅에서는 다시 보지 못할
머나먼 슬픈 여정

하오나
지금보다 더 나은
예정된 삶을 위해 떠나시는
행복한 순례이소서

바라기는
우리 다시 만나는 그날까지
믿음의 조상
아브라함 품에서
은총 아래 편히 쉬소서

어머니 사랑하는 나의 어머니
정복순 권사님
사랑합니다 사모합니다
진심으로 존경합니다
주와 함께 행복하소서

2021(辛丑)년, 晚秋

유골함 유감

꽃으로 예쁘게 장식한
관을 배경 삼아
영정 속의 미소 짓는 어머니

절차대로 발인 예배 후
약 한 시간 동안
장례식장에서 화장터까지
마지막 순례 길

도착하여 화장하는 2시간 동안
이런저런 생각 속에
과연 어머니는 어떤 모습일지

모든 과정을 마치고
화장사의 유가족 실명 확인 후
화장된 유골을 보았을 때

너는 흙에서 왔으니
흙으로 돌아갈지니라는 말씀대로
그것은 실로 한 줌의 재였습니다
그렇게 곱고 예쁘던 어머니는
더 이상 사람이 아니었습니다

이후 곧바로
하얀 보자기에 포장된 유골함을
건네받고 승차하여
장지로 향하는 길
복받치는 눈물 속에 가슴에 품다

잠시 후
내 심장을 뜨겁게 달군 유골함
그것은 정작 이별이 아니었습니다
더는 죽음이 아니었습니다

내 가슴의 유골함은
님의 불타는 심장이었기 때문입니다
어머니의 뜨거운 입김이자
마지막 사랑의
외침이었기 때문입니다

하지만
모든 것은 일장춘몽
잠시 왔다 가는 나그네 인생길

어머니 사랑하는 나의 어머니
님의 곱고 아름답던 육체
비록 한 줌의 재로 땅에 묻혀도

약속대로 부활의 주님
예비하시는 천국 새 예루살렘
새 하늘과 새 땅에서
영광 중에 다시 만날 때까지
편히 안식하소서
소망 중에 행복하소서

2021(辛丑)년, 10월 29일

僧舞1

-하늘 꽃 仙女의 노래-

창공을 향하여
두 날개를 펼치고 날으는
한 마리의 학처럼

지구촌을 무대 삼아
곱게 단장한 신선으로

인생의 삶의 궤적
희로애락을 노래하는
천의 마술사여

가슴에 품은 사연이
어찌 그리도 많아
때로는 슬픈 한을
때로는 환한 미소로

양손 끝과
양발 버선 꼭지에 담아
하늘 보고 땅을 보며
포물선을 그리듯

떨리는 가슴으로
심장에 못을 박듯이
숨소리를 죽인 채

눈길 따라
온몸으로 쏟아내는
애환의 절규

그것은
오늘 우리 시대의
메마른 광야, 거친 사막의
고독한 외침이라네
부활, 생명이라네

한 송이 꽃향기이소서
하늘 선녀이소서

2024(甲辰)년, 新春

僧舞 2

-하늘 꽃 仙女의 노래-

메마른 광야의
외로운 들풀이어라

나 홀로 사막을 수놓는
작은 촛불이어라

오직 하나의 소망
어둠을 밝히는
시대의 불꽃을 위하여

나도 나를 잊어야 하는
나도 나를 죽여야 하는
영혼의 혼불

타는 목마름으로
잊으라면 잊으리라
죽으라면 죽으리라

제 몸을 태워서
세상을 밝히는 촛불로
재가 되리라

영원히 꺼지지 않는
떨기나무 되리라

2024(甲辰), 新春

僧舞 3
-하늘 꽃 仙女의 노래-

저기, 동녘 햇살 따라서
새벽이슬 머금고
황금 길을
걸어가는 이가 있다

지금까지
밤낮없이 걸어왔어도

아직, 누구도 가지 않은
남겨진 길
끝이 보이지 않는 길을

오직 하나
소명에 응답해야 하는
거친 광야 길의 순례자

하지만
무심한 세월 속에
어느덧 고운 인생도
서산 마루에

황홀한 노을 빛 조명 속에
소원을 담아
하늘 향해 올리는 유희

온 땅은 전율하는
몸짓에 환호하고
손발 끝에서 피어나는
한 송이 꽃으로
인간의 정점을 노래하고

소명을 이루는
마지막 순간까지
홀로 걷는 그 길, 희열로

행복이소서
은총이소서
축복이소서

2024(甲辰), 新春

僧舞 4
-하늘 꽃 仙女의 노래-

독백
구만리 길

오직
허락된 것은

하늘을 벗 삼아
돌고 도는
바람과의 대화

그리고

육체
영혼과 함께
불꽃으로
하늘로 승화

야곱의
얍복 나루터
환도뼈의 위골

브니엘의 응답은
희열로
감사뿐

2024(甲辰), 新春

僧舞5
-하늘 꽃 仙女의 노래-

드넓은 무대를 배경 삼아
조명등 아래의
수많은 관객 앞에서

온몸을
왕비처럼 예쁘게 치장하고
지축을 흔들어 깨우며
춤 추는 새여
하늘 나는 인간 새여

어찌도 그렇게
품격있는 자태로
모두의 시선을 사로잡는지

무대 위의 순간 만큼은
무아지경으로
실로 황홀한 것이
이는 분명 사람이 아니려니

인생의 한 고비마다
피곤하고 지친 삶 속에
하늘 꽃 선녀의 춤사위는
예비된 에덴의 은총으로

복된 하루
주님의 크신 사랑 가득히
하늘만큼 땅만큼
100배 1,000배 임하소서

2024(甲辰)년, 新春

僧舞6
-하늘 꽃 仙女의 노래-

인생은 나그네
한바탕 뛰놀다 가는
단막극 배우

뜻밖에
아무런 준비 없이 와서
어디로 가는지 잘 몰라도

그것은 곧 주님 가신 길
하늘 보고 가는 길
비아 돌로로사로
십자가, 고난의 길

어쩌면 운명처럼
감당해야 할 소명으로
내 인생의 멍에

하지만
그 속에 감추인 영적 비밀
눈물은 희열로
고난은 감사가 되고

심지어 죽음은
생명의 부활로
천사도 부러워할 영광으로

어차피
인생은 한 번뿐인 삶
주님이 주신 선물

그리하여 영혼을 제물 삼고
하늘 보며 가리라
번제 화목제 속건제 소제로
주의 제단에 바치리라

2024(甲辰), 新春

僧舞 7
-하늘 꽃 仙女의 노래-

이 세상, 오대양 육대주
수십 억의 사람 중에서

허물과 죄로 죽을 인생
만세전에 예정하여
값없이 베푸신
하나님의 크신 은총

어찌 다 말로 고백하며
필설로 기록할 수 있을까

하여
주님의 죽으심을 기념하여
옥합을 깨뜨린 향유
주님의 발에 붓고
머리털로 씻긴 마리아처럼

무대를 주님의 품 삼고
주 앞에 홀로 서서
두렵고 떨리는 가슴으로

주님 향한 나의 진심
받은 바 사랑에 감사하며
소리 높여 크게 외칩니다

나의 사랑은 오직 당신뿐!

주여
이 한 목숨 주를 위하여
소명 다하는 날까지
땀과 눈물 받으소서
나의 영혼 받으소서

2024(甲辰)년, 棕櫚週日

僧舞8
-하늘 꽃 仙女의 노래-

꽃이 꽃을 보고
미소를 짓는다
꽃이 꽃을 향하여
향기를 발한다

꽃과 꽃이 어우러져
사랑과 행복을 낳고
꽃과 꽃이 어우러져
모두에게 기쁨을 제공한다

한 송이 아름다운 장미처럼
향기로운 샤론의 장미처럼
꽃 중의 꽃으로
피어나는 하늘 꽃 승무

때로는 절망이어도
때로는 탄식이어도
조명등 아래서
꽃으로 피어나는 전설

오랜 경륜 속에서
줄기차게 쏟아내는 회한의
인생 파노라마
과연 그 종착지는 어딘지

받은 바 소명을 위하여
발길 닿는 곳마다
꽃을 노래하리라
향기를 발하리라

2024(甲辰)년, 춘삼월

僧舞 9
-하늘 꽃 仙女의 노래-

비가 오나
눈이 오나
바람이 부나

오직 하나
하늘만 바라보고
앞만 보고 달려온 길

실로
여기까지 오는 동안
수많은 시련과
도전 끝없었어도

어릴 적 꿈과 이상은
내 삶의 존재 이유

비록 가는 세월
거스를 수 없어
겉 사람은 후패해도
속사람은 날로 새롭게

주님께서 허락하신
영원을 사모하는 마음
더욱 불타오르고

죽는 날까지
한 점 부끄럼이 없기를

이 모습 이대로
은총이게 하소서
영광이게 하소서

2024(甲辰)년, 춘삼월

僧舞10
-하늘 꽃 仙女의 노래-

님은 왜
하고 많은 연기 중에
왜 하필
승무가 되었는가

고통과 번뇌로
자신의 영육을 묶어서
인당수의 제물이 된
심청이처럼

인간적인 생각으로는
승화된 예술이어도

영적, 신앙적으로는
감히 창조주를 거스르는
십계명의 천적
또 다른 신의 제물로

단지
예술이라고 하기에는

도무지 이해할 수 없는
나의 108번뇌

오늘은 성 금요일
2,000년 전
유대 땅 골고다 언덕에서
하나님의 독생자 예수

모든 죄인 위해
죄 없이
십자가에 달려 죽으셨네
엘리 엘리 라마 사박다니
음부에 내려가셨네

주여
죄인 용서하소서
죄인 살펴 주소서

2024(甲辰)년, 棕櫚週日

僧舞 11
-하늘 꽃 仙女의 노래-

드넓은 창공에 떠 있는
둥근달 속에 신선으로
선별된 "예쁜 꽃신" 위에
"목양목 버선"의 위엄으로

하지만 때로는
사랑하는 님을 위한
기다림에 지친
탄식과 슬픈 기색으로

누구 보든지 아니 보든지
스스로 주인공 되어
유아독존, 온몸으로 절규하는
천상의 인간 수채화

움직이는 모든 품새
일거수일투족이 환상으로
온통 기쁨과 희열뿐

하여 사랑은 물론
이별도 좋고
눈물도 좋고
죽음도 좋다

이후부터 나는
주님 다시 오시는 날까지

오직 예수를 위하여
지구촌을 떠도는 영혼으로
생명 바쳐 춤을 추리라
구원의 주를 노래하리라
주께 영광 돌리리라

2024(甲辰)년, 춘사월

僧舞12
-하늘 꽃 仙女의 노래-

날아라
날아라
하늘 높이 날아라

솟아라
솟아라
하늘 높이 솟아라

날아서
솟아서
하늘 꽃 선녀이거라

총선 참패로
우리 애국 시민들
슬픔에 잠긴 이날

가슴에 통한의 눈물 가득한 날에

우리의 기쁨으로
우리의 소망으로
하늘 꽃 무지개이거라

지금처럼 그렇게
한 송이 붉은 장미로
밤하늘을 수놓은
찬란한 새벽별이거라

주님의 크신
은총에 응답하며
오직 하나
주님의 영광이거라

2024(甲辰)년, 춘사월

僧舞13
-하늘 꽃 仙女의 노래-

오늘처럼 좋은 날
왕후, 여왕의 귀환

화려한 조명등 아래
무대가 열리면서
위엄으로 압도하는 자태

실로 현장의 그 누구도
입이 10개, 100개라도

감히 탄성밖에는
혀가 입천장에 붙어서
침도 삼치지 못한 채
말을 못 하리라

하늘을 나는 듯한
신기의 일거수일투족은
완벽 그 자체로

오직 신선만이 가능한
천상의 예술

이렇듯 손끝 하나로
천하를 호령하는 님
왕후, 이 시대 여왕의 귀환

복된 하루
주님의 크신 은총이소서
하늘 축복 100배 이소서

2024(甲辰)년, 春分

僧舞14
-自畵像-

수많은 세월
지금까지 하루하루
살 만큼 살아왔어도
세상모르는 아마추어

사전 기획도
어떤 각본과 준비된 대사
훈련도 없이

내 방식대로 살아가는
자유분방한 낭만 가객

아침에 일어나서
일상을 반복적으로
그렇게 살아가는 나그네

비록 서툰 몸짓이어도
일상은 나에게
매 순간순간이 감사로
축복의 시간들

하여, 오늘 하루도
어디로 가는지
어디서 머무를지
잘 알지 못해도

혼잡한 세상 속의 나는
인도하심 따라서
하늘 보며 가리라
주님 따라 가리라

2024(甲辰)년, 춘사월

별난 사랑

하늘에는
별들이 수없이 많습니다

그 하늘에는
길 또한 무수히 많습니다

하지만
하늘에 별들이 많아도
길들이 아무리 많아도

나의 별
내 가슴에 별은 하나
오직 하나 당신입니다

나의 길
내가 가는 길은 하나
오직 하나 당신뿐입니다

태어난 것이 기쁨이라면
당신의 만남은 행복입니다
예정된 축복입니다

사랑합니다
사모합니다

나의 사랑 님의 가슴에
님의 사랑 나의 심장에
우리 사랑 영원하리라

2024(甲辰)년, 춘사월

보름달1

그대 그리움을
잠시라도 잊을까 봐서

혹시라도
그대 나를 잊은 채
잠들까 봐서

밤새워
불타는 가슴으로
온 하늘을 밝힌다

하여
나에게 오늘 밤은
님으로 행복한
불꽃 축제

영원히 잊지 못할
첫사랑 촛불

2024(甲辰)년, 춘오월

보름달2

그대 어디에 있든지
나에게는
언제나 그리움입니다

그대가 머무는 곳
도무지
가까이할 수 없는
수만리 길이어도
나에게는 지척입니다

이렇듯
그대 그리움으로
정히 사모함으로
하루하루를 살아 가는 나

이건 아니지 하면서
잠시 잊었다가도

철부지인 나에게는
시도 때도 없이
거리와 상관없이
언제나 불타는 사랑입니다

견우와 직녀처럼
이도령과 춘향처럼
아벨라르와 엘로이즈처럼

보름달

하늘 선녀, 천사의 몸짓
그대의 일거수일투족은
내 심장의 맥박으로

눈물입니다
사랑입니다
불꽃입니다

2024(甲辰)년, 춘오월

품게 하소서

주여
하늘이 높음같이
바다가 넓음같이

내 몸과 영혼
당신의 형상을 닮아
보다 높이 보다 멀리
오르게 하소서

작은 바람에도 민감하게
귀 귀울여
당신의 세미한 음성
듣게 하소서

항상 주님을 바라며
거룩한 꿈꾸고

비록 어려운 때
혼란 한 때를 살아도
감사하며

당신의 가슴, 심장으로
세상 품게 하소서

오늘 하루 복된 하루
주님의 은총을 기원합니다

2024(甲辰)년, 춘오월

시련의 때

전혀
예측하지 못한 때에

갑자기 불어오는
태풍처럼
쏟아지는 소나기처럼
시련에 직면할 때

주여
나, 어떻게 해야는지
피할 길을 주소서
하늘 지혜를 주소서

삶이란 한순간도
예측할 수 없는 것으로
항상 살피며 걷지만

그래도
마음대로 되는 것 없고
오히려 수많은 도전 속에
던져진 삶으로

때로는 견딜 수 없어
눈물을 양식 삼아
하늘 보며 탄식하기를

주여
나, 날마다 매 순간순간
오직 당신만 보게 하소서
의지하게 하소서

오늘 하루 복된 하루
주님의 은총 넘치소서

2024(甲辰)년, 춘오월